墨香财经学术文库

U0656668

企业数字化转型的股票市场反馈与溢出

理论模型与作用机理

Stock Market Feedback and Spillovers in Corporate Digital Transformation

Theoretical Model and Mechanism of Action

王彤彤 著

东北财经大学出版社
Dongbei University of Finance & Economics Press

大连

图书在版编目（CIP）数据

企业数字化转型的股票市场反馈与溢出：理论模型与作用机理 / 王彤彤著.
大连：东北财经大学出版社，2025.5. —（墨香财经学术文库）. —ISBN
978-7-5654-5639-8

Ⅰ. F279.23；F832.51

中国国家版本馆CIP数据核字第2025F9M758号

东北财经大学出版社出版发行

大连市黑石礁尖山街217号　邮政编码　116025

网　　　址：http://www.dufep.cn

读者信箱：dufep@dufe.edu.cn

大连图腾彩色印刷有限公司印刷

幅面尺寸：170mm×240mm　字数：181千字　印张：15.25　插页：1
2025年5月第1版　　　　　2025年5月第1次印刷

责任编辑：时　博　王　斌　责任校对：何　群
封面设计：原　皓　　　　　版式设计：原　皓

定价：86.00元

　　本书系教育部人文社会科学研究项目"企业数字化转型与股票收益：理论模型、影响效应与作用机理"（项目批准号：23YJC790140）、国家自然科学基金面上项目"公司债券违约风险防范：基于公司债特殊条款和政府参与评级的视角"（项目批准号：72172029）、辽宁省教育厅基本科研项目"经济不确定性冲击下系统性金融风险的测度体系、溢出网络与防范机制研究"（项目批准号：JYTQN2023170）的研究成果

前　言

　　对企业的数字化转型进行科学有效的定价是推动资本市场赋能数字经济和建立中国特色估值体系的关键。党的二十大报告强调，要"加快发展数字经济，促进数字经济和实体经济深度融合"。报告在明确数字化成为当前经济发展新增长引擎的同时，也指出高质量发展还有许多瓶颈，需要健全资本市场功能，推动经济实现质的有效提升和量的合理增长。这表明，加快建设数字经济、推动企业数字化转型需要充分发挥资本市场功能。值得关注的是，中国证监会在召开2023年系统工作会议时提出，要推动提升资本市场估值定价的科学性有效性，逐步完善适应企业转型升级的估值定价逻辑，构建具有中国特色的估值体系，以更好地发挥资本市场的资源配置功能。这说明，实现资本市场功能的有效发挥需要建立一个适应企业发展趋势和特征的中国特色估值体系。由此引发了一个重要的研究内容——如何为处于数字化转型阶段的企业重构估值体系和定价逻辑。这是发挥资本市场功能、推动数字经济建设亟须解决的重要问题。

　　而如何结合我国产业发展特征和体制机制特色挖掘企业数字化转

型的估值定价规律，是实现定价科学性和有效性的技术瓶颈，更是构建中国特色估值体系的关键问题。本书针对中国的现实情境，尝试基于中国理论解决中国问题。具体来说，本书基于对企业数字化转型内在动机和外在特征的系统识别和深入解剖，考虑产权性质差异和数字化发展差异影响，构建企业数字化转型的多阶段价值模型，从理论和实证层面探析数字化转型与股票价格之间的影响效应及作用机理，以完善企业数字化转型的定价逻辑和估值体系。本书拓展了资产定价的研究范畴，为引导投资者理性估值与投资、明确监管部门监管方向与方式提供了理论依据与经验证据，为提升资本市场赋能数字经济建设、服务实体经济的能力提供了新的思路，对中国特色估值体系的构建具有重要的参考意义。

本书从中国企业数字化转型的现状与问题出发，研究企业数字化转型与股票市场反馈及溢出效应。首先，本书从理论模型和实证检验两个维度对企业数字化转型与股票收益率的关系进行了系统性的剖析，一方面结合中国产业发展特征和体制机制特色，构建了企业数字化转型的多阶段价值模型，另一方面实证检验了数字化转型与资产定价的作用机制。不仅为处于数字化转型阶段的企业重构了估值体系和定价逻辑，更为资本市场赋能数字经济建设、服务实体经济提供了经验证据。其次，本书基于定价效率和信用评级的视角，分别考察了企业数字化转型对股票市场和债券市场的溢出效应。再次，本书考察了金融企业数字化转型的股票市场反馈，分析了金融企业数字化对金融部门系统性风险传染机制的影响。最后，本书分析了企业数字化转型对劳动力市场的溢出效应，构建了企业数字化转型与企业雇佣决策的整体研究框架。

本书系教育部人文社会科学研究项目"企业数字化转型与股票收益：理论模型、影响效应与作用机理"（项目批准号：23YJC790140）、国家自然科学基金面上项目"公司债券违约风险防范：基于公司债特殊条款和政府参与评级的视角"（项目批准号：72172029）、辽宁省教育厅基本科研项目"经济不确定性冲击下系统性金融风险的测度体系、溢出网络与防范机制研究"（项目批准号：JYTQN2023170）的研究成果。

王彤彤

2025 年 2 月

目　录

1

绪论

1.1 研究背景与意义

1.1.1 研究背景

近年来，数字经济正在蓬勃兴起，并逐渐成为经济发展的重要引擎。党的二十大报告强调要"加快发展数字经济，促进数字经济和实体经济深度融合"，2023年出台的《数字中国建设整体布局规划》更是进一步明确了数字化转型的整体框架。在政策指引和现实推动的双重驱动下，数字化转型成为企业增强综合实力和核心竞争力的必然选择。相关理论依据和现实案例均表明，数字化转型是对企业原有业务、管理和商业模式的深度重构，深刻改变了企业的内在价值和发展前景（Nambisan et al.，2017；Ghasemaghaei and Calic，2019；陈晓红等，2022）。由此可知，企业的数字化转型将对股票资产的定价产生重要影响，而把握企业数字化转型的定价逻辑、构建数字化转型的科学估值体系有助于资本市场提高资源配置效率，推动资本市场赋能数字经济建设。因此，企业的数字化转型如何影响股票价格，值得深入探究。

企业数字化转型是影响股票定价的重要因素。从直觉上来讲，数字化转型会在长期内改善公司的基本面，从而提高资产价格，理性投资者会积极购买数字化能力较强的公司股票、推高市值，为企业从股票市场融资提供便利，进一步推动企业后续的数字化转型，从而形成一个良性循环。然而现实情况是，在股票市场备受关注的短期估值溢价问题中，数字经济概念股溢价乱象尤为瞩目。股票市场投资者对企业数字化转型的盲目追捧和过度认可，导致数字经济概念股严重脱离其真实内在价值。事实上，企业的数字化投资项目往往具有高不确定性、高复杂性、高难度以及长期性等特点（田秀娟、李睿，2022；陶峰等，2023），并且现实中我国企业数字化转型的成功率不足20%①，与此大相径庭的是，股票市场中数字经济概念股出现持续走高甚至频繁涨停的现象。究其原因，是缺少科学合理的企业数字化转型估值体系。

从投资者的角度来看，一方面，基于投资者关注有限理论，大量的个人投资者难以判断企业披露的那些复杂深奥数字技术背后的真正价值，无法为企业的数字化转型进行合理定价；另一方面，许多企业为获得更好的股票市场表现会配合市场进行数字经济概念炒作，往往倾向于夸大数字化投入、过度宣传其数字化能力（陶峰等，2023），为自己贴上"数字化"标签，导致投资者对企业的数字化行为产生了过度反应。因此，数字化转型估值体系的缺位会损害投资者的长期利益，同时会加剧股票市场的不稳定性，降低股票市场估值体系的可预期性。从企业的角度来看，企业的价值与投资者的选择息息相关。由于缺乏对数字化转型的合理定价，资源配置效率下降，资本市场难以发挥资源配置功能，资金流向空喊"数字化口号"的企业。长此以往，就会导致"劣币驱逐良币"的现象出现，企业有效的数字化转型无法获得合理的价值补偿。因此，科学估值体系的缺失会导致企业的数字化转型始终是"浅尝辄止"，突破性数字技术变革将难以实现。综上分析可知，如何围绕企业的数字化转型构建估值体系和定价逻辑，是发挥资本市场功能、推动数字经济建设亟须解决的重要问题，更是突破中国特色估值体系构建瓶颈的关键所在。

---

① 中国信息通信研究院云计算与大数据研究所所长何宝宏2021年6月指出，企业数字化转型失败率超过90%；麦肯锡的报告发现中国企业数字化转型的失败率高达80%，即使是精通数字技术的行业，比如中国高科技、媒体、电信行业数字化发展转型的成功率不超过26%，而在石油、天然气、汽车、基础教育设施、制药等优秀传统产业中，数字经济转型更具挑战性，其成功率仅在4%至11%之间。资料来源：佚名.中国信通院何宝宏：企业数字化转型失败率超过90%［EB/OL］.［2024-06-15］.https：//baijiahao.baidu.com/s？id=1703810438446804407&wfr=spider&for=pc.

目前，已有相关文献从宏观经济后果和企业经济效益层面对企业数字化转型的必要性和重要性展开了大量论证（Mikalef and Pateli，2017；Ferreira，Fernandes，and Ferreira，2019；Vial，2019；刘淑春等，2021；田秀娟、李睿，2022；Zhai，Yang，and Chan，2022），部分学者基于资产市场视角考察了企业数字化转型带来的股票流动性提高和企业韧性增加（吴非等，2021；胡海峰、宋肖肖、窦斌，2022）。然而鲜有学者针对企业的数字化转型进行资产定价研究，缺少企业数字化转型的理论定价模型和对我国实际情况的实证检验，致使当前股票市场中数字经济概念股乱象频发的现实问题未能得到有效解决。加快推进数字经济建设和构建中国特色估值体系是当前中国经济发展的两大战略要务，而企业的数字化转型正是连接两者最关键的纽带。

为了实现经济高质量发展过程中数实融合这一核心目标，2023年中共中央、国务院印发了《数字中国建设整体布局规划》，进一步明确了实现数实融合的整体框架。企业作为经济运行的微观基础，是实现数实融合的关键主体，企业的数字化水平是构建数字经济核心竞争力的根本保障，但现实中我国企业数字化面临着高失败率的转型困境，大部分企业难以收获数字化转型成效（史宇鹏等，2021；孙伟增等，2023）。对于企业而言，数字化转型既是传统生产要素与新型数据要素的融合，也是人工智能、区块链、云计算等数字技术与实体产业的深度融合（Mithas et al.，2013；侯德帅等，2023；陈东、郭文光，2023）。然而近年来，"技术入侵""数据泄露"等破坏数字技术和数据要素的数字化风险事件频发。

企业数字化风险是指，数字要素或数字技术的不确定性、脆弱性导致公司财务受损，或给公司各方利益相关群体带来的不利影响（Kamiya et al.，2021；Trittin-Ulbrich et al.，2021；Ashraf，2022；

Florackis and Christodoulos，2023）。一方面由于数据要素具有生成机制复杂、权利主张模糊、承载信息巨大等独特性质（江小涓，2024），企业在实践中难以保障数据储存与交易的安全性。另一方面，由于数字技术的高门槛、高成本、可模仿性特征，企业在数字化进程中难以确保数字技术使用的安全性、适配性、时效性和营利性。数字化风险事件包括黑客攻击、数据泄露、病毒入侵、技术中断以及物理电子损坏等诸多案例。随着数字经济规模在全球范围内不断扩大，数字化风险已经成为企业重要的风险来源。当前企业在风险管理中缺乏对数据要素和数字技术风险因素识别的前瞻性，尚无识别和分析数字化风险经济后果的有效方法，因而导致企业在数字化过程中因风险问题产生"转型难"的困境。企业数字化风险将严重制约数实融合目标的推进，而剖析数字化风险的内在机制将成为破解企业转型困境的核心突破口。

当前数字化风险已广泛暴露在通信、能源、航空、金融、社交、电商、游戏等诸多行业中（陈思翀、汪琪，2012）。针对这一问题，国外学界和业界开始重视数字化风险的指标构建及影响机制，如Johnson 等 （2017）、 Ashraf （2022）、 Florackis 和 Christodoulos（2023）、Lattanzio 和 Ma（2023）等学者分别基于金融市场和企业发展的视角，研究了企业层面的数字化风险事件对股票收益率、创新策略以及公司治理等方面产生的影响。国内现有相关文献更多探讨了企业数字化转型带来的积极意义，同时有关企业风险管理的研究大多围绕着传统的财务和金融风险展开，缺少针对我国数实融合目标下企业数字化风险的研究。综上分析可知，如何科学测度、剖析并管理企业数字化风险，是推动企业数字化的重要发力点，更是建设数字经济亟须解决的关键问题。

目前，已有相关文献主要从宏观经济后果和企业经济效益层面对企业数字化转型的必要性和重要性进行论证，鲜有文献将资本市场赋能与企业数字化转型联系起来，缺少资本市场赋能企业数字化转型的理论基础研究和对我国实际情况的检验，忽视了数字化转型进程中的风险问题，致使当前企业数字化转型难的现实问题未能得到有效解决。

综上所述，本书结合数字经济发展的现实背景，拟建立企业数字化转型的多阶段价值模型，从理论和实证两个层面揭示企业数字化转型影响股票价格的内在作用机制和外在表现形式，并在此基础上考察企业数字化转型在资本市场及劳动力市场中的溢出效应，进而为资本市场赋能数字经济路径优化提供理论参考和政策建议。本书将着重回答以下问题：

（1）企业数字化转型的表现形式和行为逻辑是什么？如何对企业数字化转型进行界定和识别？具体而言，基于案例分析和内涵界定，本书通过技术手段对企业数字化投入信息和数字化能力信息进行提取，构建多维度的数字化转型测度体系；另一方面本书基于不同作用路径的实证检验识别企业的数字化转型以及企业数字化风险感知，以揭示企业数字化转型的行为逻辑和问题事实。

（2）企业数字化转型影响股票定价的内在逻辑是什么？如何将我国产业发展特色引入数字化转型的价值模型？具体而言，本书从理论层面分析企业进行数字化转型的约束条件和决策条件，构建多阶段价值模型刻画企业数字化转型决策对企业价值的影响；进一步考虑不同行业竞争程度下企业数字化转型与股票收益率之间关系发生的变化；从实证层面检验中国资本市场对企业数字化转型是否具备定价功能，厘清企业数字化转型影响股票定价的作用路径，以构建适应数字化转型的定价逻辑和估值体系。

（3）企业数字化转型对其他市场的溢出效应有哪些？作用机理

是什么？具体而言，本书基于多维度构建的数字化转型测度指标，从实证层面检验数字化转型是否会对债券市场信用评级和企业的劳动雇佣决策产生影响，进一步检验金融企业数字化转型是否能影响股票市场的系统性金融风险，以厘清金融企业数字化转型影响系统性金融风险传染的作用路径，最后基于项目研究成果针对现实问题进行解析。

（4）如何溯源并科学测度企业数字化风险？尽管大数据处理技术和计量软件的高速发展使得基于文本数据建立测度指标具有足够的可行性，但是现有大多数研究文献仍围绕着"数字化"本身展开研究，未能对企业数字化进程中面临的风险问题给予足够的关注，缺乏对企业数字化风险的深入探讨也导致了企业的数字化困境一直未能破解。近年来机器学习方法在经济领域取得诸多成果和进展，为本书识别并测度企业数字化风险提供了充足的技术支持。因此本书在厘清企业数字化风险的根源与形成机制的基础上，采用前沿的机器学习方法准确测度企业数字化风险水平，为后续围绕企业数字化风险视角开展研究打下坚实基础。

（5）如何剖析企业数字化风险的资本市场定价反馈？把握企业数字化风险的经济后果有助于理解研究数字化风险的必要性。本书围绕数实融合这一根本目标，基于企业数字化风险的来源及特征，构建科学的企业数字化风险测度指标，从资本市场投资者的视角考察企业数字化风险与股票定价效率的关系，从而为数字化风险的治理提供理论基础和经验事实依据。

1.1.2 研究意义

因此，基于符合中国现实情境构建的企业数字化转型理论模型，研究企业数字化转型的行为逻辑和资本市场助推企业数字化转型的作用机理和实际效果，对于丰富和完善数字化转型经济后果以及资本市场赋能数字化转型的学术研究具有重要的理论价值和现实意义，主要体现在以下方面：

（1）理论价值之一：本书为构建企业数字化转型的估值体系和定价逻辑提供了理论支撑。资本市场通常可以发挥枢纽作用为经济发展持续注入新动能，因此考察资本市场赋能效应为解决企业数字化转型困境提供了新思路。本书将资本市场赋能与企业数字化转型纳入统一的理论框架，利用理论模型建立资本市场表现与企业数字化转型之间的内在联系，有助于系统地梳理两者之间的逻辑关系。本书丰富了企业数字化转型驱动力的理论研究，完善了资产定价和企业数字化转型经济后果的相关文献。本书为引导投资者理性估值与投资、明确监管部门监管方向提供了理论依据，为中国特色估值体系构建以及资本市场赋能企业数字化转型路径提供参考和借鉴，具有重要的理论价值。

（2）理论价值之二：本书拓展了企业数字化转型的研究范畴，为后续的相关研究提供了新的理论参考。作为企业提升核心竞争力的手段和方式，企业数字化转型过程是复杂的、长期的、动态的，研究企业数字化转型需要深入探究其转型的内在动机和外在表现。本书一方面构建了刻画企业数字化转型的多阶段动态模型，有助于厘清企业在数字化转型时的行为逻辑，另一方面构建了多维度的企业数字化转型测度体系，以全面考察企业数字化转型中的问题事实。本书拓展了企业数字化转型的研究范畴，为后续的研究完善了企业数字化转型的衡量指标和分析框架，并挖掘出企业在数字化转型过程中呈现出的新规律和特征，具有一定的理论价值。

（3）理论价值之三：本书完善了数字化风险研究的逻辑链条，建立了一个完善的理论框架，拓展了企业数字化相关文献的研究边界，补充了国内现有对数字化风险研究的不足。以往文献大多关注企业数字化转型的积极作用，国内学者鲜有关注到企业数字化进程中的风险因素。本书基于当前数实融合的经济目标，结合企业面临的转型难困境，梳理并揭示了一种新的企业风险来源及生成机制。本书从企业数字化风险的溯源及量化切入，剖析数字化风险的经济后果，为数字化风险研究提供了中国证据，丰富了企业数字化和企业风险管理的相关文献，为助力企业数字化转型、推动数实融合目标提供了理论支撑，也为后续的企业数字化风险研究提供了参考和借鉴。

（4）现实意义之一：解决当前企业数字化转型的难点和痛点问题，需要理解资本市场赋能企业数字化转型的作用机理，并进一步明确企业在不同行业竞争程度时资本市场赋能的差异化效应。本书通过理论模型的推导和实证模型的验证，全面考察了股票市场和债券市场助力企业数字化转型的内在机制和作用路径，并基于多维度的数字化转型测度指标进行了资本市场赋能效应的异质性分析，为企业提供了高适配度的转型建议，可有效提高企业数字化转型成功率。本书在我国加快数字经济建设的大背景下，对于解决我国当前数字化转型先发优势和客观成功率偏低并存的矛盾有重要的现实意义，为企业数字化转型决策和相关政策体系制定提供了经验借鉴和实践指导。

（5）现实意义之二：本书为解决企业数字化转型的现实难题提供了实践指导，完全符合我国资本市场运行和企业发展的现实需要。当前企业在数字化转型过程中出现了失败率居高不下的问题以及马太效应，本书基于资本市场视角识别了企业数字化转型和数字化风险感知对股票价格的传导效应，揭示了不同行业竞争程度下企业数字化转型的特征事实和经济后果。本书对于解释我国当前数字经济概念股走高和企业数字化转型客观成功率偏低并存的现实矛盾提供了经验依据，为相关政策体系制定提供了经验参考，对于推动企业数字化转型和资本市场功能发挥具有深远的现实意义。

（6）现实意义之三：本书的研究不仅为企业破解数字化转型难题提供了实践指导，更符合我国资本市场投资者和政策制定者的现实需要。其一，本书构建了企业层面的数字化风险指标，为利益相关者和政策制定者提供科学的风险监测手段，具有重要的应用价值。其二，本书揭示了数字化风险微观经济后果的内在机制，为企业制定数字化转型决策提供了实践启示。其三，本书考察了数字化风险在资产市场中的定价作用，为引导投资者理性估值与投资提供了经验证据。

1.2 研究框架与方法

1.2.1 研究框架

本书拟从企业数字化转型入手，按照"特征事实—股票定价—溢出效应"这一研究框架，展开对中国系企业数字化转型的测度及股票市场反馈分析。本书的研究框架主要分成以下四个部分：

第一，构建企业数字化转型的多阶段价值模型，以科学定价企业的数字化转型。本书通过理论探究和案例分析对企业数字化转型的行为逻辑进行剖析，结合数字化转型的高成本投入、长周期投入和高风险承担特征，建立企业数字化转型的多阶段部分均衡模型。模型考虑了市场条件的不确定性，企业数字化投入的约束条件和决策条件会随着新信息的出现和未来现金流的变化而进行调整，管理层可以根据情况变化调整当期的投资决策，进行项目的暂缓、转换、扩张、终止等行为，直至项目结束。本书在基础价值模型之上，依据中国当前经济发展和资本市场改革的现实情况，考虑转型的竞争风险因素，在模型中引入行业竞争程度变量，系统梳理企业数字化转型、行业竞争程度与企业价值之间的逻辑关系，推导出数字化转型与股票收益率之间的多重相关关系。本书将企业数字化转型纳入资产定价的理论框架，并综合考虑了我国产业发展特征和体制机制特色的影响。

第二，构建全面性和客观性的企业数字化转型测度指标，以揭示我国企业数字化转型问题事实。企业数字化转型是一个投入成本高、周期较长、涉及面广的复杂过程，科学测度数字化程度需要进行数字化投入和数字化能力的多维度综合考察。本书使用Python爬虫功能搜集具有数字化投入和数字化能力信息的文本对象，并使用Java PDFbox库对搜集到的文本对象进行文本信息提取、构建信息库。在文本对象的选择上，本书一方面对企业数字化投入资金的来源进行挖掘，主要针对企业公开披露信息和外部信息两个渠道进行信息收集和数据的提取，以提高数字化投入测度的全面性；另一方面，为避免企业披露信息存在的主观性问题，本书补充了非企业主观披露的公开信息，主要针对"深证互动易"和"上证e互动"平台进行了文本挖掘，增加了客观信息披露的来源渠道，以提升数字化测度的客观性。构建科学的测度体系是准确把握企业数字化转型发展特征和趋势的关键。

第三，量化企业数字化进程中的风险要素信息，并刻画风险生成机制及股票市场反馈。近年来，世界范围内的企业数字化风险问题日益严峻，但当前数字化风险结构化数据和数字经济领域权威术语词典的缺失问题，导致企业层面的数字化风险仍难以溯源并量化。为此，本书通过剖析和梳理典型案例与学术理论，归纳出企业数字化风险的两个重要来源：一方面，数据要素承载大量敏感信息却难以清晰、明确地主张权利，导致数据存储与交易的风险性极大；另一方面，由于缺乏对数字技术的有效保护和系统性认识，企业数字技术的安全性受到较大威胁。因此，本书从这两方面进行风险信息的提取。为解决数字化风险结构化数据披露不足的问题，本书拟建立非结构化数据源，以科学量化企业层面的数字化风险暴露，进一步检验股票市场定价效率是否会受到数字化风险的影响。

第四，厘清企业数字化转型对资本市场的溢出效应，以检验我国资本市场能否赋能数字化转型发展路径。基于资本市场视角剖析企业数字化转型的内在动机与经济后果，将为我国数字经济概念股走高和企业数字化转型客观成功率偏低并存的现实问题提供有效的解题思路。本书一方面从债券市场的角度入手，分析企业数字化转型对信用评级的影响及作用机制，以考察评级机构是否会关注企业的数字化转型程度，即资本市场是否会对于企业的数字化转型给出正向反馈，并试图检验企业数字化转型是否存在生产规模效应及信息披露效应；另一方面基于金融企业数字化转型视角，利用网络模型考察其对股票市场系统性金融风险的溢出效应及其作用机理，以检验金融企业数字化转型对系统性金融风险的防范效应。

1.2.2　研究方法

为了提高研究结论的可靠性，实现不同研究方法的优势互补，本书计划利用典型案例分析和文本分析方法溯源并测度企业数字化转型及数字化风险，并将理论模型研究与计量方法相结合，以实现本书理论框架的构建和实证方案的设计。具体有：

1）文献分析法

文献分析法主要指搜集、鉴别、整理文献，并通过对文献的研究，形成对事实科学认识的方法，用于项目文献综述和研究框架选择，使项目研究的攻关方向明确，有效利用现有研究成果。鉴于目前国内关于企业数字化转型与股票价格的研究还有待深入，本书将充分跟踪国内外相关研究的最新进展，为当前的研究提供基础和条件，同时本书将寻求充分的理论研究基础和实证分析案例，为本书的研究提供强有力的支持和论证。

2）典型案例分析

根据文献分析的内容结合典型的数字化转型案例进行跟踪分析，其中案例主要选自国资委科创局评审遴选的 100 个典型案例，案例中包括了产品和服务创新、生产运营智能化、数字化营销服务、数字生态、新一代信息技术、工控安全、两化融合管理体系、综合 8 个大类。进一步，还将本书的理论模型和实证研究结果在具体数字化转型案例中加以验证。同时本书基于已有文献的研究，对典型的企业数字化风险案例进行跟踪分析，其中案例主要选自世界 500 强企业以及国内上市企业，案例中包括网络攻击、数据泄露等渠道，涵盖了生产运营智能化、数字化营销服务、数字生态、信息技术、工控安全、两化融合管理体系等过程中出现的风险事件。本书根据案例提炼企业数字化风险的生成机制，并将企业数字化风险的影响机制和治理效应在具体的数字化风险案例中加以验证。

3）文本分析

本书参考 Wu（2023）测度供应链风险的方法，使用自然语言处理领域的前沿技术，对企业数字化转型、数字化风险进行公司层面的科学量化。其中，本书基于丰富且多元的非结构化数据，利用 word2vec 算法，使用 CBoW 模型构建"数字化"与"风险"的联合词典。之后，本书基于词典计算每份文本中数字化风险临近出现的频率，以实现对企业层面数字化风险的精确度量。

4）理论模型研究

本书基于实物期权理论，结合典型案例分析提炼出企业数字化特征，剖析企业数字化进程中面临的经营风险和竞争风险如何改变管理层决策，提出理论模型的基本假设和约束条件，进而构建考虑企业数字化的多阶段动态决策模型。本书拟通过理论模型研究刻画企业数字化的影响机制，建立企业数字化与股票收益率的有机联系。

5）计量方法研究

本书在指标构建及理论假说的基础上，选择适当的计量分析模型并进行合理搭配，辅以严密的稳健性分析，力求从经验分析层面准确识别企业数字化的影响效果和作用机制。具体来说，运用了因子定价模型、多元线性回归模型、Logit 模型等方法。

1.3 研究内容与创新点

1.3.1 研究内容

具体地，本书分 8 章论述了中国系统性金融风险的相关问题：

第 1 章为绪论，从当前国内数实融合的现实背景和企业数字化转型的实际情况出发，对中国企业数字化转型的资本市场反馈和现实问题进行阐述，介绍了本书的研究背景及意义；在分析企业数字化转型和中国特色估值体系内在逻辑关系的基础上，阐述了本书总体的研究思路和研究方法，系统地概括了本书的研究内容与框架，最后总结了本书的主要创新点与不足。

第 2 章为企业数字化转型的现状分析及文献综述，就数字化转型的概念变迁、资本市场反馈以及转型中存在的问题等方面展开论述，并从企业数字化转型的测度方法、数字化转型的宏观经济效应、企业数字化转型的微观经济效应、企业数字化转型的驱动因素和企业数字化转型风险等方面对文献进行梳理和评述，以厘清现有文献中存在的问题和不足，为本书的研究确立研究思路。

第3章构建了两阶段动态模型推导企业数字化转型与股票收益率的理论关系。其一，本章基于数字化投入和数字化能力多维度地建立了企业数字化转型的科学测度体系；其二，本章构建了企业数字化转型的多阶段价值模型，为处于数字化转型阶段的企业重构了估值体系和定价逻辑。

第4章从经验证据视角考察了企业数字化转型与股票收益率的关系。本章通过揭示当前企业数字化转型的问题事实，检验了中国资本市场对企业数字化转型是否具备定价功能，综合考察了企业数字化转型、产品市场竞争以及产权特性与股票收益率之间的关系，深入挖掘了企业数字化转型与股票价格之间的作用机理。

第5章考察了金融企业数字化转型与股票市场系统性风险溢出效应。本章使用时变参数向量自回归模型，分别基于静态和动态两个视角，重点讨论了我国金融机构跨部门系统性风险溢出规律，实证检验了金融企业数字化转型对我国金融机构系统性风险溢出的影响。

第6章分析了企业数字化风险与股票市场定价效率的关系。本章运用文本分析方法对A股非金融行业上市公司的数字化转型风险进行测度，检验了企业数字化转型风险对股票市场定价效率的显著负面作用，发现股票市场投资者以及股票市场会对企业数字化转型风险做出反应。

第7章为企业数字化转型的债券市场溢出效应。本章结合当前数字经济的背景，探讨了资本市场是否会对于企业的数字化转型给出正向反馈。基于债券市场的检验结果表明，企业数字化转型存在生产规模效应及信息披露效应，企业在数字化过程中增强了还款能力、缓解了信息不对称、提升了信用评级。

第8章为企业数字化转型的劳动力市场溢出效应。本章针对企业数字化转型与劳动力雇佣的关系展开分析，研究发现企业数字化转型过程中虽然增加了劳动力雇佣的数量，但是扩大了劳动力收入差距；结合当前数字经济的背景，探讨了外部法治环境如何缓解企业数字化转型对劳动力市场的冲击。

1.3.2 创新点

本书的创新主要体现在以下五个方面。

（1）在理论模型的构建上，本书通过系统地梳理企业数字化转型与股票价格之间的逻辑关系，创新性地构建了企业数字化转型多阶段价值模型，并在模型中引入中国产业发展特征，为处于数字化转型阶段的企业重构了估值体系和定价逻辑，尝试突破中国特色估值体系构建的技术瓶颈。已有关于企业数字化转型与资本市场表现的文献大多停留在经验研究层面，研究结论易受到数据选取和模型设定的影响，并且鲜有学者关注到企业数字化转型对股票定价的影响。本书基于对企业数字化转型进行的理论探讨和案例分析，将企业数字化转型与股票市场价格纳入统一的理论框架，完善了现有研究对理论建模探讨的不足，丰富了资产定价相关的研究，为后续更加深入细致的研究提供了潜在的理论支持。

（2）在实证研究的视角上，本书突破了已有研究视角和分析框架的局限，对企业数字化转型的多个角度进行了深入挖掘，识别出企业数字化转型以及数字化进程中风险感知对股票市场定价的影响。已有研究更多聚焦于企业数字化转型的正面作用，默认企业均出于长远发展的积极目的而选择数字化转型，忽视了企业可能在数字化转型进程中遭遇的风险因素。本书从多个视角全面揭示了企业数字化转型影响股票价格的具体路径，这有助于解释我国数字经济概念股走高和企业数字化转型客观成功率偏低并存的现实矛盾，为解决企业数字化转型的现实难题提供了实践指导和经验参考，也进一步拓展了企业数字化转型主题文献的研究视角。

（3）在企业数字化转型指标的构建上，本书构建了上市公司数字化转型信息的数据集，综合考察了企业数字化转型能力信息，涵盖了企业主观披露的信息和客观公开的信息，并基于此构建了新的数字化转型测度体系。已有指标构建方法在测定视角方面，主要选择从数字化投入/数字技术应用的单一角度出发，导致指标缺乏全面性。此外更多文献在信息搜集方面，选择对企业的公布报告进行文本挖掘，但企业主观披露信息存在夸大或过度宣传问题，导致指标缺乏客观性。本书尽量克服已有方法的缺陷，提高了测度体系的全面性和客观性，以确保实证研究计划的可行性和可靠性。本书丰富和完善了企业数字化转型指标体系的构建与测度，有助于挖掘企业数字化转型的问题事实和内在规律，为后续相关研究提供理论支撑。

（4）在企业数字化风险指标的构建上，数字化风险是学术界高度关注的研究前沿，国外该领域的已有研究主要以事件研究法或单一风险视角展开，未能在企业层面实现数字化风险的全面测度。本书在两个方面进行了创新：第一，本书在剖析现实风险案例、梳理国外相关文献的基础上，深入探索数字化风险的生成机制，创新性地将风险归纳为数据要素风险及数据技术风险，实现了数字化风险的全面溯源，克服了已有研究的片面性问题；第二，本书基于业绩说明会以及投资者互动平台文本等非结构化数据，采用前沿的机器学习方法，使用基于神经网络模型的词嵌入技术，对两类风险要素进行捕捉，创新性地提出企业层面的数字化风险指标，实现数字化风险暴露的科学量化，为后续展开企业数字化风险研究提供了指标工具。

（5）在学术观点的提出上，不同于已有文献大多强调企业数字化带来的积极作用，本书试图揭示企业数字化带来的风险问题，进而对数字化进程中的现实问题给出合理解释。其一，当前企业在数字化过程中因风险问题深陷"不敢转""不会转"的转型困境,严重制约了企业数字化转型进程,更阻碍了数实融合目标的推进。本书关于企业数字化风险的研究成果,为企业利益相关者以及政策制定者在风险监测、风险后果评估以及风险问题治理等问题上提供了理论参考,为破解企业转型困境提供了突破口。其二,我国资本市场中存在由"数字化"热潮引发的股价泡沫,数字经济概念股溢价现象尤为瞩目。本书关于企业数字化风险与股票定价效率之间相关关系的经验分析,对已有文献未能解释的数字化泡沫问题给出了解答。

2

企业数字化转型的现状分析及文献综述

2.1 企业数字化转型的现状分析

2.1.1 数字化转型的概念变迁

数字化的概念变迁总体可以划分为三个阶段：数字转换（digitization）、数字化（digitalization）、数字化转型（digital transformation）。第一阶段的数字转换也可以称为数字化编码（digital encoding），主要包括设备的数字化和产品的数字化，是最早期的数字化概念。第二个阶段的数字化则是指使用数字技术改变现有业务的流程和效率，主要聚焦于数字技术对业务流程的集成优化和提升。第三阶段的数字化转型更多强调了应用数字技术重塑客户价值主张和增强客户交互与协作，需要将数字化渗透到企业的整个生产、决策、运营管理等核心流程和业务之中，以驱动组织商业模式创新和商业生态系统重构。

当前经济社会中的企业数字化转型不再是通过技术购买完成简单的产品信息数字化和业务流程数字化，而是要结合不断改进的数字技术实现企业业务的转型以及企业价值的增长，因此数字化转型并不能一蹴而就，而是企业进行高成本投入、长周期投入和高风险承担的过程（田秀娟、李睿，2022）。

综合以上的研究来看，本书认为企业的数字化转型包含以下三层含义：首先，强调了企业为了数字化转型进行的各类资源投入；其次，强调了企业在生产经营、组织管理中对数字技术（区块链、云计算、人工智能、大数据等）的应用；最后，强调了由数字化转型带来的经济效益的提升。

2.1.2 企业数字化转型的资本市场反馈

当前数字经济在全世界范围内迅猛发展，企业数字化转型趋势已经成为社会共识，已有诸多现实案例和学术研究表明，企业数字化转型将通过提高企业核心竞争力、改善企业生产经营状况等方式增加企业价值。股票市场投资者对于进行数字化转型的企业都具有较高的正面预期，导致这类企业成为股票市场上资金追捧的热点。因此，开展数字化转型的企业往往会通过增加数字化投入或数字化发展的信息披露，进而向股票市场传递其正在进行实质性的未来可期的数字化转型。然而在当前，股票市场中数字经济概念股溢价乱象在诸多短期估值溢价问题中尤为醒目。部分企业会主动配合市场炒作数字经济概念，以期获得更好的股票市场表现，比如企业会在财务报表或公告中夸大数字化投入、过度宣传其数字化能力、虚假披露数字化信息。

与此同时，考虑到数字经济逐渐成为我国重要的战略力量，资本市场正在推动资产转向数字经济。随着北交所的设立和注册制的全面实施，我国资本市场进一步增强了服务企业、服务实体经济的能力，助力数字经济融合实体经济、推动产业数字化转型升级成为资本市场的重要任务。2022年3月深圳证券交易所推出"数字经济"系列固定收益产品，发行了全市场首只"数字经济"主题的公司债券，同年4月上海证券交易所推出了首单"数字经济"主题公司债券。首单"数字经济"主题公司债券发行人为京东方科技集团股份有限公司，发行规模20亿元，债券期限3+N年，票面利率3.5%。京东方作为一家为信息交互和人类健康提供智慧端口产品和专业服务的公司，积极落实国家数字经济发展规划，债券募集资金主要用于加快数字经济基础设施建设，加快向物联网领域全面转型发展。

"粤开证券-中小担小贷-知识产权4期资产支持专项计划（数字经济）"是聚焦"数字经济"领域知识产权开发的资产证券化产品，发行规模2.159亿元，优先级利率为3.8%。该产品将深圳市中小担小额贷款有限公司对15家数字经济企业发放的知识产权质押贷款打包后进行资产证券化，入池数字经济企业均来自深圳市龙华区，涉及智能设备制造、数字媒体设备制造、显示设备制造、智慧医疗、电子支付交易等行业。

这些"数字经济"主题的固定收益产品，聚焦于从事数字经济的企业或资产，加大了对科技创新、数字经济等重点领域支持力度，有效提高了募集资金使用的准确性和有效性，在解决中小型和早期数字经济企业融资难、融资贵的难题上形成突破。企业披露的数字化投入和数字化发展信息可能存在一定的主观性，投资者难以判断企业内部真实的经营情况，而数字经济主题公司债券的发行目标明确，企业在资金使用上有明确的方向性，通常债券发行人会在发行公告书中明确指出他们的资金用途，并展示他们正在进行或未来要进行的数字化转型项目。因此，发行数字经济主题公司债券更能表明企业正在进行实质性的数字化转型。根据已有的金融理论可知，企业发行数字经济主题公司债券具有信号传递效应。企业数字化转型具有较高的正向经济效益，但由于数字化转型存在信息不对称、回报周期长、不确定性高等特征，使得企业数字化转型的回报率难以在短期内得到体现。外部投资者通常需要花费大量的时间、人力成本去收集分析企业披露的数字化信息，以筛选具有较高数字化能力的企业。尤其对于个人投资者而言，缺乏足够的资金优势和专业优势，难以进行有效的信息解读。数字经济主题公司债券的信号传递效应在于直接向外部投资者传递了有效的企业数字化投入及发展信息，因此企业发行数字经济主题公司债券具有正向的公告效应。

这一正向公告效应存在投资者关注渠道以及公司基本面渠道两种渠道。

一方面根据投资者关注渠道可以发现，当企业为其债券贴上数字经济主题标签时，新闻媒体的曝光可以吸引更多投资者的注意，发行企业的知名度可能会提高，从而导致对其股票的更多需求和更大的投资者基础。通常来说，企业的知名度对股票市场投资者很重要，因为个人投资者更愿意投资于产品容易识别的股票。当一个公司宣布发行数字经济主题公司债券时，与传统的公司债券发行相比，媒体曝光率将急剧增加。因此债券发行人的发行公告相当于向市场发出了一个良好的信号，即企业即将在数字化方面进行投资和提升，以此引起更多投资者的关注，扩大发行人的投资者基础，进而产生积极的公告回报。此外，如果数字经济主题公司债券的发行吸引了投资者的注意，提高了企业的知名度，那么股票市场会对发行的数字经济主题公司债券做出反应，即引起股票价格的正向反馈。由于投资者关注渠道的存在，数字经济主题公司债券的发行会提升曝光率和知名度，吸引更多的股票市场投资者，这会导致债券发行之后机构投资者的持股比例增加。

另一方面，公司基本面渠道则认为数字经济主题公司债券的发行包含了更多有价值的投资机会的信息，即数字经济主题公司债券的发行说明了企业将进行一系列实质性的数字化转型项目，并帮助企业获得核心竞争力和长期发展前景。因此，对于股票市场投资者来说该企业具较高的投资价值，导致了积极的公告效应。相比于其他类型的公司债券，企业会在数字经济主题公司债券的发行公告书中披露更明确的数字化转型项目信息。由此可知，在每次发行数字经济主题公司债券时，投资者都会从额外披露的数字化信息中获益，从而使股票市场对公告做出积极反应。因此，在公司基本面渠道中，每一次发行数字经济主题公司债券的公告中都会包含有价值的信息，股票市场投资者都会做出相应的积极反馈。当存在公司基本面渠道时，由于投资者相信公司在长期内保持较高的估值，投资者通常会选择持有股票，而不是在短期内卖出股票实现收益，因此在数字经济主题公司债券发行之后股票的流动性可能会下降或保持稳定。

2.1.3 企业数字化转型进程中存在的问题

近年来，随着推动数字经济建设的政策不断落实，我国数字经济发展迅猛，在世界范围内呈现出一定的先发优势。在世界经济论坛公布的全球132座"灯塔工厂"①中，中国拥有50座，占比近37%，显示出了一定的数字化转型先发优势。在政策指引和现实推动的双重驱动下，数字化转型成为企业增强综合实力和核心竞争力的重要选择。但尽管推动企业数字化转型的氛围浓厚，我国企业数字化转型形势依然严峻：一方面，我国绝大部分企业仍处于数字化转型的初级阶段②（如图2-1所示），企业仍面临着"不会转""不能转""不敢转"的困境；另一方面，总体上企业数字化转型的失败率仍然处于较高水平。中国电子技术标准化研究院（2021）的研究报告显示，我国处于数字化转型初步探索阶段的企业占比接近80%，并且企业数字化转型的成功率只有不到20%。此外，埃森哲在《2022企业数字化转型指数》中指出，中国企业间数字化能力分化加剧，领军企业正全面推进数字化转型，并从数字化投资中获得稳健绩效，而其他企业在数字化能力方面表现不佳。

---

① 从2018年开始，世界经济论坛与麦肯锡合作评选领跑第四次工业革命的"灯塔工厂"，入选工厂通常被认为是"世界上最先进的工厂"，代表全球制造业数字化的最高水平。

② 2021年处于初步探索的企业占比为79%，处于应用践行阶段的企业占比为12%，达到深度应用阶段的企业仅占比为9%。资料来源：中国电子技术标准化研究院.中小企业数字化转型分析报告（2021）[R/OL].[2024-12-15].http://www.cesi.cn/202205/8461.html.

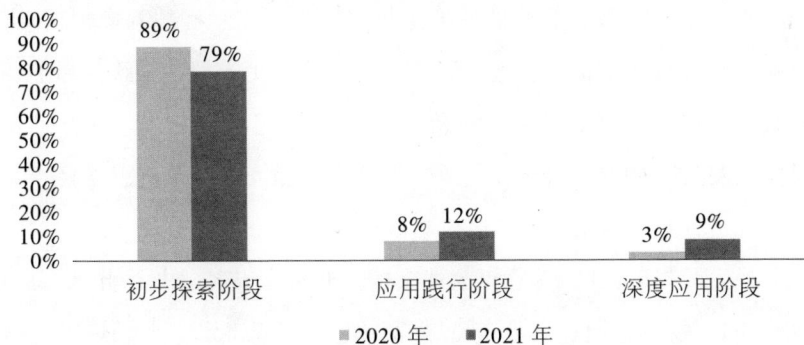

图 2-1 全国数字化转型整体水平

由此可知，我国企业数字化转型存在"马太效应"，即较早运用数字化技术的企业整体能力将会比稍晚运用数字化技术的企业强，以及数字化转型程度较高的企业整体绩效要比数字化转型程度较低的企业强，并且强弱之间的差距会越来越大。这反映出我国企业的数字化转型具有先发优势和成功率偏低并存的现实矛盾，如何帮助企业脱离数字化转型困境是一个亟待解答的问题。其中，数字化转型需要大量资源投入且短期内难以见效是导致企业陷入转型困局的关键原因（刘淑春等，2021）。而资本市场作为改善资源配置、提升融资效率的重要力量，可以为企业数字化转型提供高能资本支持，为企业完成数字化转型增加更多驱动力，这为本书从资本市场赋能角度展开提供了切入点。

在当前政策引导和现实推动下，企业数字化转型已然成为经济建设的必经之路，绝大部分企业已经在数字化方面开展了一些项目投资和技术应用，而导致其高失败率和转型进程较慢的原因可能是，企业管理层没有进行实质性的数字化投入以及数字化能力的有效提高，而是出于其他目的进行了数字化转型的炒作。与此同时，我国资本市场中呈现出数字经济概念股乱象。股票市场中的非理性参与者盲目追捧或过度认可企业的数字化转型信息，因此企业管理层可能为了追求更好的股票市场绩效，策略性地披露数字化投入信息和技术应用信息，而未能进行有利于企业长远发展的实质性数字化转型，导致了数字经济概念股严重脱离其真实内在价值。如 TY 通讯于 2023 年 2 月 7 日在回复网友关于 CPO（共封装光学）相关产品提问时故意避重就轻、配合市场进行 ChatGPT 等数字化技术炒作，其间公司股价一路走高、持续上涨，而与此同时 TY 通讯前述实控人开展了减持计划。此外，KD 股份和 LC 股份也通过在数字营销领域走红而获得资本市场热捧，随后出现高管频繁减持套现的行为。

当前企业进行非实质性数字化转型存在两种形式：一方面，企业管理层存在机会主义行为导致"面子工程数字化"。考虑到我国企业数字化成功率不足 20%，这意味着部分企业的数字化转型行为可能仅仅是管理层的一种策略，部分企业的数字化转型只是做做样子，仅仅停留在了设备堆放的阶段，最后往往沦为一个个面子工程，无法获得真正的效益提升，但管理层可以在股票价格上涨之后进行减持而收获利益。另一方面，企业可能为了获得政策扶持而进行"僵尸数字化"。当前国家、省、市各级政府均在开展企业数字化转型扶持政策的实施，企业有动机为了寻求相关政策的奖励或优惠，而进行数字化的自我包装，一旦政策奖励目的达到，企业就会终止相关数字化的项目投入和技术使用，已有文献指出在国家实施产业政策的背景下，企业存在"寻扶持"的行为动机，做出迎合政策的策略性行为（黎文靖、郑曼妮，2016）。综上分析，本书认为部分企业为了寻求股票市场业绩和扶持政策奖励，而进行"面子工程数字化"以及"僵尸数字化"。

"面子工程数字化"和"僵尸数字化"表明企业没有进行实质性的数字化转型，这导致的经济后果是，该类企业数字化转型带来的股票价格上升通常只是短期行为，在中长期会出现股票收益的下降。而从动机的角度来说，企业进行"面子工程数字化"是为了业绩短期上升获利，通常表现为高管在业绩上升后进行减持。而"僵尸数字化"企业的目的是获得政府政策倾斜，因此其数字化行为追随相关政策的脚步，数字化转型相关投入随着政策的提出而增加，而在获得政策奖励之后终止。

近年来，"技术入侵""数据泄露"等破坏数字技术和数据要素的数字化风险事件变得越来越频繁和具有侵略性。发达经济体的企业高管和市场参与者目前将网络技术风险视为全球最关注的问题之一（世界经济论坛，《2020年全球风险报告》）。在2009—2019年间，数据泄露的发生呈指数级增长，仅在2019年数据泄露就给美国造成了3 600亿美元的总经济损失。美国前联邦调查局局长罗伯特在RSA网络风险会议上表示："我确信只有两种类型的公司：已经被黑客攻击的公司和即将被黑客攻击的公司。而且就连它们也在趋同为一类：被黑客攻击过和将再次被黑客攻击的公司。"国外大型企业如丰田集团、脸书、谷歌、索尼影业、汉莎航空等，以及中国工商银行、蔚来汽车、学习通、美团、携程、腾讯、华住酒店等国内大型企业均多次遭受网络攻击。2018年8月28日，网络上出现公开售卖华住酒店集团数据共140G的消息，涉及近5亿条的身份和入住信息，包括用户姓名、注册手机号码、电子邮箱地址、身份证号、登录密码、入住时间、房间号及消费金额等敏感信息。受事件影响，华住股价由8月27日收盘时的35.53美元，降至8月30日收盘时的33.74美元，大跌超过5%，市值蒸发近6亿美元。脸书公司在2018年的9月28日因受到黑客攻击致使500万用户账户数据泄露，导致股价由9月27日收盘价168.84美元下跌至10月2日的159.33美元，跌幅达5.63%，市值蒸发271.42亿美元。

当前企业数字化转型难的现实问题未能得到有效解决，加快推进企业完成数字化转型和推动资本市场赋能实体经济都是当前中国经济发展的战略要务，两者之间存在着紧密的联系，因此资本市场如何赋能企业数字化转型的理论框架和实证检验仍需进一步深入探索。

2.2　文献综述

随着数字经济在世界经济中的重要性日益凸显，企业数字化转型成为学术界关注的一个焦点问题，国内外学术界涌现出一大批与数字化转型相关的重要文献。本章将从企业数字化转型的测度方法、企业数字化转型的宏观经济效应、企业数字化转型的微观经济效应、企业数字化转型的驱动因素、企业数字化转型的风险感知五个方面对已有文献进行梳理和评述。

2.2.1　企业数字化转型的测度方法

当前学界和业界主要针对第三阶段的数字化转型展开探讨。已有文献主要围绕以下三个层面进行数字化的相关研究：（1）宏观国家层面的数字经济，如数字经济能够显著促进非农就业、数字技术可以提高全社会经济活动效率（田鸽、张勋，2022；江小涓、靳景，2022）；（2）中观地区和产业层面的数字化发展，如城市层级数字化发展降低了劳动力不充分就业、工业机器人推动了"两业融合"发展等（陈贵富、韩静、韩恺明，2022；高翔、张敏、刘仁，2022）；（3）微观企业或地方政府层面的数字化转型，如企业数字化的影响因素分析、法院数智化对营商环境的改善作用等（Ferreira, Fernandes, and Ferreira, 2019；潘越等，2022）。

准确理解和测度数字化转型是展开数字化转型相关研究的必要前提。数字化相关文献主要采用以下三类测度方法：（1）针对宏观层面或中观层面的研究通常采用宏观或产业层面的数字经济指数的子项度量数字化水平，或采用信息化从业人员占比、互联网销售额占总收入比重等方面考察数字技术的应用程度，如许宪春和张美慧（2020）结合宏观经济统计数据和数字经济调整系数等指标系统测算了中国数字经济增加值和总产出等指标，柏培文和张云（2021）从数字产业活跃度、数字创新活跃度、数字用户活跃度、数字平台活跃度等四个角度对数字经济进行衡量。（2）针对微观企业的研究一部分通过实地调研或问卷调查等方式评价数字技术在企业中的发展应用程度，如刘淑春等（2021）利用浙江省"两化"融合国家示范区内1 950家工业企业连续5年（2015—2019年）的跟踪调查数据，研究了数字化转型项目的投资对投入产出效率的提升作用。（3）还有更多学者基于文本挖掘方法针对数字化相关关键词的词汇频率构建企业数字化转型测度指标，如吴非等（2021）、田秀娟和李睿（2022）分别针对公司年报等公开信息进行文本挖掘，将数字化转型细分为"底层技术"与"实践应用"两类，基于关键词词频合成测度指标。

总体来看，当前学者对于数字化的基本含义已达成一致，但在"企业数字化转型"的测度方法上未能达成共识，已有的测度方法均存在一定的片面性和主观性，关于数字化转型的测度缺乏全面性和客观性，不能科学合理地反映企业数字化转型程度。当前文献关于企业数字化转型的度量方法主要采用了基于小样本的调查问卷法、基于财务数据的指标构建法以及基于新闻公告的文本挖掘法。调查问卷法无法反映大样本的数字化转型情况，财务数据和文本挖掘则更多从企业数字化投入或数字技术应用的单一角度出发，具有一定的片面性。同时文本挖掘法主要的信息来源是上市公司报告，而现实中部分企业在数字技术应用方面夸大事实或空喊口号，导致度量指标存在一定偏差。已有测量方法具有片面性和主观性，导致测度指标存在一定的识别不足或识别过量的问题。因此，如何构建科学有效的企业数字化转型指标还需要更深入的研究。

2.2.2 企业数字化转型的宏观经济效应

现有文献中,与企业数字化转型经济后果相关的文献可以分为两个分支。

第一个分支是构建理论模型分析企业数字化转型的经济效应。在这一分支下,一些文献将数字技术或数据要素纳入到理论模型的构建当中,通过建立理论模型验证数字技术可以促进经济增长(Thomas and Carsten,2020;王开科、吴国兵、章贵军,2020;江小涓、靳景,2022;李晓华,2016;刘平峰、张旺,2021;戴魁早、黄姿、王思曼,2023;张杰、白铠瑞、毕钰,2023)。例如柏培文和喻理(2021)将数字经济的发展引入可变价格加成模型,从一般均衡的角度深入讨论数字经济发展对企业价格加成的影响机制,田秀娟和李睿(2022)引入数字技术发展因素,建立多部门熊彼特内生增长动态随机一般均衡模型,分析数字技术在实体产业部门和金融部门的应用转化对产业结构转型及经济增长的异质性影响。

王开科等(2020)检验得出数字技术应用显著提升了社会生产效率,具体表现为数字经济基础设施建设的不断推进、数字技术与传统经济融合广度与深度的不断扩展、数字经济催生新产业新业态新商业模式的不断完善。江小涓和靳景(2022)研究表明我国数字经济在"十三五"时期实现了持续的增长,"十四五"期间,在有利的先决条件下,数字经济新业态的出现将会成为国民经济增长的主要来源,推动我国经济向前发展。

第二个分支是利用经验研究发现数字技术的使用可以改善生产效率、优化资源配置、提高经济效率(李晓华,2016;刘平峰、张旺,2021;张三峰、魏下海,2019;巴曙松、白海峰、胡文韬,2020)。

李晓华（2016）研究发现，新一代数字技术在制造业服务转型升级中有着显著的正向作用，为服务型制造的发展扫平了障碍，拓展了服务型制造发展的空间，有效推动了制造服务化向服务产品化的转变。刘平峰和张旺（2021）从数字技术是生产要素赋能型技术视角出发，研究发现：数字技术是TFP增长主要驱动力，是数字经济核心驱动力，与实体经济深度融合加速优化重构生产要素体系，催生出数字化生产要素。巴曙松等（2020）研究发现金融科技创新活力及规模对企业TFP具有显著促进作用，这一作用在高技术密集型产业更加明显，而且其对经济增长的促进作用存在门槛效应，只有当金融科技创新高于门槛值时，TFP对经济增长的促进作用才较为显著。张三峰和魏下海（2019）研究发现，企业与数字化的深度结合能够有效促进企业内部的更新和提升生产制造的柔性化，引致技术进步和结构优化，进而降低企业能源使用强度，为高质量发展提供了新方向。

还有一些学者从消极作用的角度出发，研究发现：在数字经济下可能引发失业和收入分配失衡、扩大收入差距、生产率增长放缓、信息保护制度缺少等问题（Acemoglu and Restrepo，2020）。戴翔和马皓巍（2023）研究发现，数字化转型推动出口增长的实现主要依托于强化价格竞争机制，因此从整体层面看，数字化转型并没有推动企业出口动能从价格竞争成功转向非价格竞争，反而会导致出口企业进一步陷入"低加成率陷阱"。此外生产制造和生产性服务出口企业数字化转型尚未占据主导地位，导致了"结构性失衡"。

2.2.3 企业数字化转型的微观经济效应

数字化的价值创造能否满足企业可持续发展的需求构成了企业数字化转型决策的关键。从已有的研究来看，数字化转型的微观经济后果则以企业的生产活动和经营管理为主线，绝大多数文献主要关注了企业数字化带来的正向经济效益。

这类文献主要包括两个方面：

一是研究数字化对企业发展的影响。学者发现数字化转型可以打破企业的传统边界（Yoo, Henfridsson, and Lyytinen, 2010; Nwankpa and Roumani, 2016）、显著改善生产经营（Deming and Kahn, 2018; Fischer et al., 2020; 戚聿东、肖旭, 2020; 赵宸宇、王文春、李雪松, 2021; 戚聿东、杜博、温馨, 2021; 刘淑春等, 2021; 韩峰、姜竹青, 2023; 黄勃等, 2023）、提高财务绩效（Bloom, 2014; Gal et al., 2019; 杨德明、刘泳文, 2018; 黄群慧、余泳泽、张松林, 2019）、促进创新产出（Wu, Lou, and Hitt, 2019; 沈国兵、袁征宇, 2020; 冀云阳、周鑫、张谦, 2023）、推动绿色转型（许宪春、任雪、常子豪, 2019; 戴翔、杨双至, 2022; 曹裕等, 2023; 黄赜琳、蒋鹏程, 2023）、改善就业及收入分配（Shapiro and Mandelman, 2021; Verhoef et al., 2021; 肖土盛等, 2022; 贺梅、王燕梅, 2023; 许家云、毛其淋, 2023）、改善供应链关系（Matarazzo et al., 2021; 陶锋等, 2023; 邱煜、潘攀, 2023; 李青原等, 2023）、提升企业核心能力（胡媛媛、陈守明、仇方君, 2021; Benner and Waldfogel, 2023; Babina et al., 2024）。

戚聿东和肖旭（2020）发现，在数字经济的背景下用户价值主导和替代式竞争作为驱动企业管理变革的两个根本力量，企业顺应数字经济的管理变革关键在于对这两个总抓手的深刻把握。Fischer等（2020）指出数字化转型受关注但许多公司无明确计划，中小企业尤甚。戚聿东等（2021）考察了数字化程度对企业绩效的多重影响及其机理，结果表明，数字化通过管理活动和销售活动两条路径影响企业绩效，这两条路径的影响相互抵消，导致数字化程度对绩效的总影响不显著。赵宸宇等（2021）从实证角度检验了数字化转型对企业全要素生产率的影响，研究表明数字化转型显著提高了企业全要素生产率，已经成为数字经济时代提升制造业企业生产效率的强劲驱动力。刘淑春等（2021）研究发现企业管理在数字化变革过程中的资本产出弹性远高于劳动产出弹性，二者投入对数字化效益产生的影响随时间发生改变，且企业数字化投入和效率之间存在非线性关系。韩峰和姜竹青（2023）研究发现，企业集聚网络对全要素生产率的有效空间作用边界为50千米，该范围内企业数字化和集聚网络均有助于全要素生产率提升，且二者在推进生产率提升中还具有明显的协同效应和相互强化作用。黄勃等（2023）研究发现数字技术创新显著促进了企业全要素生产率提升，赋能了中国企业高质量发展，这一结论在控制内生性和进行稳健性检验后依然成立。

Gal等（2019）研究表明行业中的数字技术采用与企业层面的生产率提高相关联，在制造业和日常密集型活动中，这种影响相对更强，数字技术可能导致了企业间生产率表现得日益分散。在整体生产方面，黄群慧等（2019）研究显示互联网发展显著促进了城市整体和制造业整体生产率，且对制造业整体生产率的影响大于其对城市整体生产率的影响，显著提高了制造业企业生产率。沈国兵和袁征宇（2020）研究发现企业进行互联网转型对中国企业创新能力有着显著的提升作用，无论是在垄断行业还是低技术行业中，企业互联网化对中国企业创新及其出口活动有着显著促进作用。在这方面，冀云阳等（2023）研究发现数字化转型有助于提升企业的创新产出，并且此效应对规模较大、资产专用性较低的企业，以及处于产权保护更好地区的企业的影响更明显。许宪春等（2019）研究指出绿色发展是经济、社会、环境三者之间的相互协调，要实现绿色发展，大数据在其中扮演着重要的角色，可为绿色生产、绿色生活、美好环境提供重要手段和保障。戴翔和杨双至（2022）研究发现数字赋能能够促进企业绿色化转型，而且上述效应在不同能耗强度的行业之间存在异质性，数字赋能主要通过规模效应和技术效应两个机制促进制造业企业绿色化转型。在企业推进绿色转型过程中，曹裕等（2023）研究发现制造企业的数字化过程经历了工具化向在线化、在线化向智能化、智能化向生态化演进的三次跃升，并推动企业实现了从绿色结构化到绿色能力化再到绿色杠杆化的绿色转型发展。

Shapiro 和 Mandelman（2021）研究证明了企业数字采用率和自雇率之间的强负相关关系，即使在控制了发展水平和其他与发展中国家独特的就业结构相关的因素之后，这种关系仍然存在。Verhoef 等（2021）研究发现数字化转型和随之而来的商业模式创新从根本上改变了消费者的预期和行为，给传统企业带来了巨大压力，并扰乱了众多市场。在劳动收入方面，肖土盛等（2022）研究表明，企业数字化转型能够显著提升劳动收入份额，同时带来的生产技术升级将引致高技能劳动的需求并挤出部分低技能劳动以优化人力资本结构，进而提升企业劳动收入份额。许家云和毛其淋（2023）研究发现从影响机制看，互联网发展通过规模效应和复原效应促进了制造业就业水平的提高，但通过替代效应对就业水平产生抑制作用，尤其是降低了低技能劳动力的就业。Babina 等（2024）通过分析员工简历来衡量企业层面的 AI 投资，研究发现，投资 AI 的企业在销售、就业和市场估值方面经历了更高的增长，这种增长主要通过增加产品创新来实现。Benner 和 Waldfogel（2023）研究发现，数字化通过降低制作成本和引入新的数字分销渠道，促进了针对小规模受众的产品创造。

二是研究企业数字化转型的资本市场反馈。企业数字化转型显著提升了企业股票流动性（吴非等，2021）、股票收益率（胡海峰、宋肖肖、窦斌，2022）、市场价值（王晓红、栾翔宇、张少鹏，2022）、增加了投资者注意力（Liu，2015），降低了债务成本和违约风险（陈中飞、江康奇、殷明美，2022；王守海、徐晓彤、刘烨炜，2022）、权益成本（金献坤、徐莉萍、辛宇，2023）。

在资产价格及市场表现方面，吴非等（2021）检验了企业数字化转型对股票流动性的影响及其渠道机制，研究发现，企业数字化转型通过改善信息不对称、促进企业研发投入与创新产出、提升企业价值和财务稳定性的渠道提升了企业股票流动性水平。胡海峰等（2022）研究表明，数字化显著提高了企业在危机期间的韧性，表现为数字化企业在危机期间获得的股票收益率更高，并且数字化对于受疫情影响更大的小规模和非国有企业的韧性提升作用更大，对非高科技企业的韧性具有显著影响。王守海等（2022）研究表明企业数字化转型通过降低经营风险、缓解融资约束和减少代理成本三条路径降低债务违约风险。陈中飞等（2022）发现数字化转型可通过缓解信息不对称和增强盈利能力来降低企业债务成本。在企业市场价值方面，王晓红等（2022）研究发现，企业的数字化水平在研发投入对 ESG 表现的提升中起到正向调节作用，从而有效地促进企业市场价值的提升。

还有一些文献研究了企业数字化转型带来的负面影响。例如，Hjort 和 Poulsen（2019）研究发现互联网发展导致了企业的成本具有上涨压力；李三希和黄卓（2022）研究发现数字化会带来数据确权问题、隐私保护问题、数据孤岛问题以及数据交易机制问题；陈东和郭文光（2023）研究发现数字化转型为企业高质量发展提供新动能的同时，也有可能会引发收入分配问题。数字化转型显著提升了企业工资水平，且这种提升作用存在时变现象，数字化转型成熟期带来的生产率效应和市场竞争效应对工资增长的促进作用大于劳动替代效应带来的抑制作用，然而数字化转型在扩大企业内不同技能劳动者之间收入差距的同时，还会通过提升行业垄断程度扩大同一行业内的企业间收入差距。

总体来看，当前学者的研究成果更多肯定了企业数字化转型的正向经济后果，少数文献针对就业问题和数据风险的负面作用展开探讨，同时学者们试图从多方面寻找企业数字化转型的推动力，但已有文献实证结论偏多，相关研究在理论上仍有待深入探索。较少文献将企业数字化转型与资本市场建立联系，上述成果仅从实证研究的层面考察了企业数字化转型与股票流动性、股票韧性和企业价值等方面的关系，如何针对企业数字化转型行为进行资产定价仍有待分析。

2.2.4 企业数字化转型的驱动因素

目前学术界对于企业数字化的必要性基本达成了共识，因此如何有效驱动企业数字化、探寻企业数字化升级改造的动因成为学者们关注的重要问题。关于企业数字化转型的驱动因素研究主要从内部特征和外部环境两个方面展开。基于内部特征的文献发现，设立首席数字官、调整人力资本结构能够影响企业数字化（Singh and Hess，2017；何小钢、梁权熙、王善骝，2019）。企业减少信息不对称、降低运营成本、提升运营效率均能助推企业实施数字化战略变革（Gölzer and Albrecht，2018；Chen and Wu，2021）。还有学者研究探讨了企业组织能力与社会学习能力对企业数字化转型的影响（Goldfarb and Tucker，2019；陈庆江、王彦萌、万茂丰，2021；Matarazzo et al.，2021）。从外部环境考察企业数字化转型驱动力的文献发现，企业数字化转型存在同群效应（李云鹤、蓝齐芳、吴文锋，2022；范合君、吴婷、何思锦，2023；杜勇、娄靖、胡红燕，2023），并且网络嵌入、市场竞争以及环境不确定性均会强化企业数字化转型的同群效应（Quinton et al.，2016；陈庆江、王彦萌、万茂丰，2021）。然而企业仅依赖市场力量难以完成数字化，政府发挥"看得见的手"的作用至关重要，部分学者发现政策优惠、政府补贴、知识产权行政保护、建设全国统一大市场等手段显著推动了企业的数字化（吕芬等，2021；陈玉娇、宋铁波、黄键斌，2022；甄红线、王玺、方红星，2023；胡增玺和马述忠，2023）。其中，政策手段一方面为企业提供了转型动力和现实需求；另一方面对企业的数字补助能够通过产业间的传导，产生正向的普惠性（余典范、王超、陈磊，2022；孙伟增等，2023）。此外，竞争压力、经济政策不确定性等因素也发挥了垫脚石的作用，对企业数字化产生了倒逼效应（王超、余典范、龙睿，2023）。

Singh 和 Hess（2017）通过多案例研究，分析了首席数字官（CDO）在组织设计参数中的角色，发现 CDO 需要在组织结构中垂直锚定，并水平协调不同部门和层级的员工，以促进企业数字化转型。何小钢等（2019）探讨了新一代信息技术如何提高企业生产率，发现高技能劳动力和长期雇员能有效匹配 ICT（信息与通信技术）应用带来的生产方式与组织结构变革，从而显著提升 ICT 的生产率效应。Gölzer 和 Albrecht（2018）研究发现，随着大数据在数字化转型过程中的重要性日益增加，公司间和公司内部的业务结构将基于新的数据处理解决方案提供的价值流的潜力而发展，体现了大数据对工业运营的重要影响。

范合君等（2023）研究发现，企业数字化转型在产业链中具有显著的联动效应，能促使上下游企业数字化协同，提升焦点企业转型效果，其中下游客户拉动型为主要联动模式。杜勇等（2023）研究发现，被共同股东持股的供应链同群企业能够更好地应对垂直摩擦、获得更多供应链资源、破除信息传递壁垒，进而构建更为紧密的同群协作关系，证实了供应链共同股权网络下存在着企业数字化转型的同群效应。吕芬等（2021）研究发现，政府政策和竞争压力两个外部环境变量通过技术因素对中国中小型企业采用数字技术产生间接影响。陈玉娇等（2022）的研究揭示了企业数字化转型的多维影响因素。其研究发现，企业数字化转型受行业制度影响较大，地区数字经济在其中起到助推作用，而决策者数字化认知在制度环境与企业决策间起着正向传导的中介作用。甄红线等（2023）研究了知识产权行政保护对企业数字化转型的影响，发现加强知识产权行政保护能够显著增加企业研发支出和数字专利申请，从而促进企业数字化转型，并提高企业全要素生产率。

胡增玺等（2023）运用创新的衡量方法，发现市场一体化水平的提高带来的市场规模的扩大和市场竞争的加剧可以显著促进企业数字创新。余典范等（2022）研究了城市层面数字企业补助对其他企业数字化的影响，发现对数字企业的补助能够通过产业间的传导，为其他产业的数字化转型赋能。孙伟增等（2023）基于国家大数据综合试验区的准自然实验，发现以大数据为基础的区位导向政策可以通过提高企业获得数字补贴的广度和深度，改善当地数字发展环境和数字生态，从而促进企业数字化转型升级。王永贵和汪淋淋（2021）发现数字化转型进程具有鲜明的"不破不立""破而后立"的创新特征，既需要企业摆脱传统经营管理模式的路径依赖，也对其组织架构变革和生产要素流动形式提出了更高要求。李云鹤等（2022）从供应链扩散视角出发，以中国A股上市公司供应链关系数据为研究对象，研究发现客户公司数字化转型能够沿供应链扩散并显著驱动上游公司数字化转型；客户公司数字化转型的供应链扩散效果在上游公司融资约束较低、高素质技术人才占比较高及供应链公司间"数字鸿沟"较小等条件下更显著。

2.2.5 企业数字化转型的风险感知

在市场驱动和政策引导下，企业数字化氛围浓厚，但企业仍面临着高失败率的数字化转型困境，而破解企业数字化难题的前提在于识别其中的风险机制，因此国内外学者针对企业数字化风险的研究方兴未艾。这类文献主要包括三个方面，一是分析数字化风险产生的原因。从数字技术的应用来说，企业数字化会导致数字鸿沟，增加协同难度（Dodgson et al., 2015；张樨樨、董瑶、易涛，2022）；从数字要素的安全性来说，数字化会带来数据确权问题、隐私保护问题、数据孤岛问题以及数据交易机制问题（李三希、黄卓，2022）。二是探讨数字化风险对微观个体和金融市场产生的影响。对企业来说，数字化风险事件会改变企业的现金持有、经营成本、融资成本、创新策略、公司治理、社会责任以及风险管理政策（Garg，2019；Hjort and Poulsen，2019；He，Frost，and Pinsker，2019；Binfare，2019；Akey，Lewellen，and Schiller，2020；Ashraf，2022；Boasiako and Keefe，2021；Kamiya et al.，2021；Lattanzio and Ma，2023），同时数字化风险事件会导致市场出现强烈的负向反馈，并蔓延到同行业企业以及供应链网络（Kelton and Pennington，2020；Crosignani，Macchiavelli，and Silva，2023；陈思翀、汪琪，2012）；在金融市场上，数字化风险事件对公司估值（曾建光，2015；Hilary，Segal，and Zhang，2016；Johnson，Kang，and Lawson，2017；Amir，Levi，and Livne，2018；Berkman et al.，2018；Lending，Minnick，and Schorno，2018；Tosun，2021）、股票收益率（Jamilov，Rey，and Tahoun，2021；Florackis and Christodoulos，2023）产生负面冲击，并提高债务成本（Sheneman，2022）。三是研究如何防范化解数字化风险。部分学者发现通过购买保险、强制性披露监管以及政府出台法律等方式可以降低数字化风险敞口（Biener，Eling，and Wirfs，2015；Ashraf，2022；Ashraf and Sunder，2023）。

Jamilov 等（2021）运用计算语言学的方法，基于上市公司季度财报电话会议，构建了企业层面数字化风险暴露度量方法。研究发现，数字化风险会在公司之间蔓延，并从公司传到行业层面。Berkman（2018）构建了一种企业数字化风险感知的测量方法，可用于探索企业面临的网络安全相关问题，这一指标捕捉了数字化风险的程度和相关性，表明市场积极重视网络安全意识，并且网络信息披露的负面基调与较低的市场价值有关。Ashraf（2022）以数据泄露为背景，研究了同行的数字化风险事件在公司治理中的作用，研究结果发现同行数据泄露与未被泄露公司未来内部控制的加强有关，即未发生数字化风险的公司更有可能在同行发生数字化风险后，在高层管理团队中雇用网络安全专家。Biener等（2015）讨论了数字化风险保险的必要价值，其中数字化风险具有的损失的高度相关性、数据缺乏和严重的信息不对称问题，阻碍了其保险市场的可持续发展。

Kamiya等（2021）通过构建理论模型发现，数字化风险事件会导致股东的财富损失、销售增长下降、同行业公司股价下降，而当董事会在攻击前关注风险管理，加强了风险管理和信息技术时，这种损失会较低。Amir等（2018）认为公司应披露重大的数字化风险事件，其中隐瞒的数字化风险事件会导致事件被发现当月的股票价值下降约3.6%，而披露的数字化风险事件攻击下降幅度要低得多，因此管理者不会披露低于某一阈值的数字化风险信息。Boasiako和Keefe（2021）研究了美国有关数据泄露披露的法律和随后的数据泄露披露对公司现金政策的影响，研究发现强制性披露法律的通过导致了现金持有量的增加，此外，遭受数据泄露的公司通过持有更多现金以及减少外部融资和投资来调整其财务政策。Akey等（2020）利用突发的企业数据泄露事件来研究企业如何应对数字化风险事件，研究结果表明数字化风险事件会在事件发生后的数年内对企业盈利能力和企业价值产生负面影响。Crosignani等（2023）研究发现数字化风险会从直接受到冲击的公司蔓延到它们的客户，导致最初利润下降的幅度扩大了4倍。对于可选择供应商较少的受影响客户而言,这些损失更大。此外网络攻击还导致了供应链网络的持续调整。Binfare(2019)考察了上市公司发生数字化风险事件后操作风险对融资成本和债务承包造成的实质性和持续性影响,数字化风险事件导致企业的财务杠杆和经营杠杆增加,盈利能力下降,企业面临更高的违约概率。Babina等(2024)研究了人工智能技术的使用和经济影响,提出了一种利用员工简历衡量公司层面人工智能投资的新方法。研究结果显示,各个行业的人工智能投资大幅增加,人工智能投资公司在销售、就业和市场估值方面都有更高的增长,这种增长主要来自产品创新的增加。

2.3 国内外研究现状评述

企业的数字化转型是一个兼具复杂性和重要性的研究领域,诸多学者针对企业数字化转型决策和经济效益展开研究。经过整理后发现,已有成果更多针对企业数字化转型的决策过程、经济效益、驱动因素展开研究,较少基于资本市场视角研究企业数字化转型的估值模型及其与资产价格之间的关系。

第一,关于企业数字化转型的已有文献的研究视角和分析框架存在局限。已有的国内外文献更多论证了企业数字化转型的必要性和重要性,且多从宏观经济效应和微观企业效益的角度切入,但是对企业数字转型过程中的行为逻辑关注不足,不利于挖掘数字化转型的内在含义和特殊属性,这导致现实中企业数字化转型失败率居高不下的难题未能得到有效解答。究其根本原因,主要是已有文献未能充分挖掘企业究竟"出于何种目的"进行了数字化转型,以及在不同驱动力下企业实施了何种数字化转型策略。因此,如何基于资本市场视角剖析企业数字化转型的多重动机,以解决企业数字化转型难以为继的难题有待深入研究。

第二，目前，关于企业数字化转型与资本市场表现的研究主要停留在经验研究层面。一方面，缺乏理论模型基础得到的研究结论更容易受样本选择和处理方法的影响，难以得到普适性和可靠性的结论，已有的经验研究未能系统地梳理企业数字化转型与股票价格、企业价值之间的逻辑关系。另一方面，经验研究难以刻画企业数字化转型的决策过程，导致对企业数字化转型影响资本市场表现的内在逻辑未能得到充分挖掘。已有关于资本市场与企业数字化转型的文献主要研究了数字化转型带来的股票流动性改善和股票韧性提高，未能建立起数字化转型与资产定价的有效联系。因此，如何基于理论研究层面建立企业数字化转型的估值模型还有待进一步探究。

第三，已有文献关于企业数字化转型的度量方法主要采用了基于小样本的调查问卷法、基于财务数据的指标构建法以及基于新闻公告的文本挖掘法，调查问卷法无法反映整体企业的数字化转型全貌，而指标构建法和文本挖掘法则更多从企业数字化转型的投入或应用的单一角度出发，具有一定的片面性和主观性。已有文献大多聚焦于企业数字化转型的"量"，较少着眼于企业数字化转型的"质"，也较少通过识别企业的"策略性转型"和"实质性转型"来衡量企业的有效/无效转型。现实中企业数字化转型是动态且复杂的，不同的数字化转型进程包括了数字化投入、数字化应用、数字化产出等多个层面，因此已有文献缺乏对企业数字化转型进行的全面合理测度，建立多维度的系统性的企业数字化转型指标还需要进一步更深入的研究。

第四，探究企业数字化风险的研究仍然存在明显缺口，尤其国内文献关注不足。一方面，已有文献更多论证了企业数字化的必要性和重要性，从经济效益的角度肯定了企业数字化"应该做""值得做"，但鲜有研究探讨企业数字化进程中的风险要素，未能充分解释企业数字化该"如何做",这也导致现实中企业数字化失败率居高不下的难题未能得到有效解答。另一方面,随着全球范围内数字经济的推进,近年来国外学者越来越关注数字经济进程中的风险问题并给予高度关注,但这类文献大多着眼于网络黑客攻击或企业数据泄露的单一风险视角展开研究,可能遗漏大量风险信息,其测度指标往往难以反映企业数字化风险全貌。在推进数实融合阶段,如何助力企业数字化是当前的重要议题,而日益严峻的数字化风险问题逐渐成为发展阻碍,因此有关企业数字化风险的研究亟待展开。

第五,关于企业数字化风险经济后果的已有文献缺乏一个系统的分析框架。一方面,缺乏理论模型基础得到的研究结论更容易受样本选择和处理方法的影响,难以得到普适性和可靠性的结论。在企业数字化风险经济后果的已有研究中普遍缺少理论模型的建立,这导致国外学者目前针对数字化风险影响企业创新战略的作用机制未能达成共识。另一方面,企业数字化风险后果已经引起业界和学术界的关注,但其内在机理尚未厘清。已有文献未能系统地梳理企业数字化风险与股票收益率以及企业数字化决策之间的逻辑关系,这导致资本市场投资者和企业内部管理者对企业数字化风险反馈的内在机理未能充分挖掘。因此,国内有关企业数字化风险的理论分析和实证证据仍有所不足,尤其是关于企业数字化风险对资本市场和企业发展的实际影响与作用机制,尚待学术界提出一个系统性的研究框架。

当前,加快数字经济建设已然成为经济发展中的重要任务,而企业数字化作为数字经济发展的基础性设施建设,如何推动企业数字化转型成为各界关注的焦点问题。同样值得关注的是,资本市场近年来发生深刻变革,服务实体经济的能力进一步提高,但是关于资本市场和数字化转型的研究课题相对较少。在大力发展数字经济建设的现实背景下,加快推进企业数字化转型,是全面实施数字中国战略的必然选择，企业的数字化转型已经成为中国资本市场最主要的特色之一，因此，考察企业的数字化转型对股票资产价格的影响、建立中国特色的数字化估值模型具有重要的现实意义。

在大力推动数实融合目标的现实背景下，加快推进企业数字化转型已然成为经济发展中的重要任务，然而数字化风险管理机制的缺失已经成为阻碍企业转型的重要原因。因此探索企业数字化的风险问题、破解企业数字化困境，不仅是监管部门重视的现实问题，也是理论和实践关注的焦点。

3

企业数字化转型指标构建与理论模型

提高企业数字化转型测度指标的全面性和客观性是揭示我国企业数字化转型问题事实的关键，而科学测度数字化程度需要进行数字化投入和数字化能力的多维度综合考察。本章使用 Python 爬虫功能搜集具有数字化投入和数字化能力信息的文本对象，并使用 Java PDFbox 库对搜集到的文本对象进行文本信息提取、构建信息库，以实现对企业数字化投入和企业数字化转型的客观全面测度。构建科学测度体系是准确把握企业数字化转型发展特征和趋势的基础，进一步地，本章将尝试结合中国产业发展特征和体制机制特色，构建企业数字化转型的多阶段价值模型，为处于数字化转型阶段的企业重构估值体系和定价逻辑，以突破构建中国特色估值体系的技术瓶颈。本章拓展了资产定价的研究范畴，不仅为学术界建立了一个研究企业数字化转型定价的理论模型和框架，同时也为投资者进行理性估值和投资提供了理论依据，更为后续实证层面的研究目标提供了理论支撑。

3.1 企业数字化转型测度指标构建

企业数字化转型的定量测度无论是在学术界抑或是实务部门都是一个前沿问题。企业数字化转型是一个复杂的过程，转型过程通常投入成本高、周期长、涉及面广，并且数字化本身具有较强的渗透性和依附性特征，因此精准测度企业的数字化过程具有较大的难度。当前针对企业数字化转型的主要方法受限于财务报表中数字化转型科目的缺失，以及文本分析法中语言表述的复杂性和披露信息的主观性，导致企业数字化转型测度指标缺乏足够的全面性和客观性。相较于已有的企业数字化转型测度指标，本章做了两个方面的改进：一方面，针对财务报表缺少对数字化投资信息的测度，本章采用企业数字化技术投入占无形资产比重这一指标，以提高数字化投入测度的全面性；另一方面，针对文本分析时企业披露信息的主观性问题，本章补充了非企业主观披露的公开信息，主要针对"证券交易所上市公司投资者关系互动平台"进行了文本挖掘，并基于公司在当年的报刊新闻中出现"数字化"相关词汇的报道次数，计算外部关注数字化指标，增加了客观信息披露的来源，以提升数字化能力测度的客观性。

因此，本章在已有文献的研究基础之上，结合现实案例和理论研究，提炼企业数字化转型的内涵与特征，从股票市场投资者可识别的信息角度出发，就企业数字化投入水平和数字化能力水平两个角度对企业的数字化转型程度进行刻画，具体结构如图3-1所示。

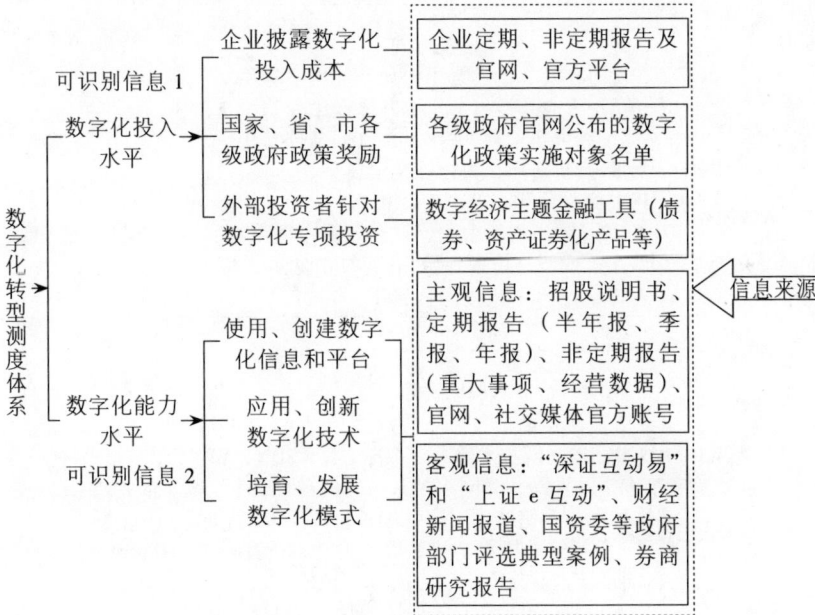

图3-1　企业数字化转型测度结构

3.1.1　构建词库

本章在关键词词库的确定上，首先针对企业数字化转型现实案例（科创局发布的2020年国有企业数字化转型典型案例）以及制度政策文件进行了归纳总结，国家相关顶层制度及政策文件包括党的二十大报告、《数字中国建设整体布局规划》、2017—2022年政府工作报告（我国自2017年开始将"数字经济"写入政府工作报告）、《国务院关于印发"十四五"数字经济发展规划的通知》、国务院国资委网站关于数字化的专题库、《数字化转型参考架构》。此外，本章重点参考了吴非等（2021）、田秀娟和李睿（2022）关于数字化转型的研究成果，进一步扩充了数字化转型的关键词词库，系统界定了企业数字化资金投入使用形式和数字化能力水平表现形式的相关关键词，并形成了如图3-2的关键词图谱（部分展示）。

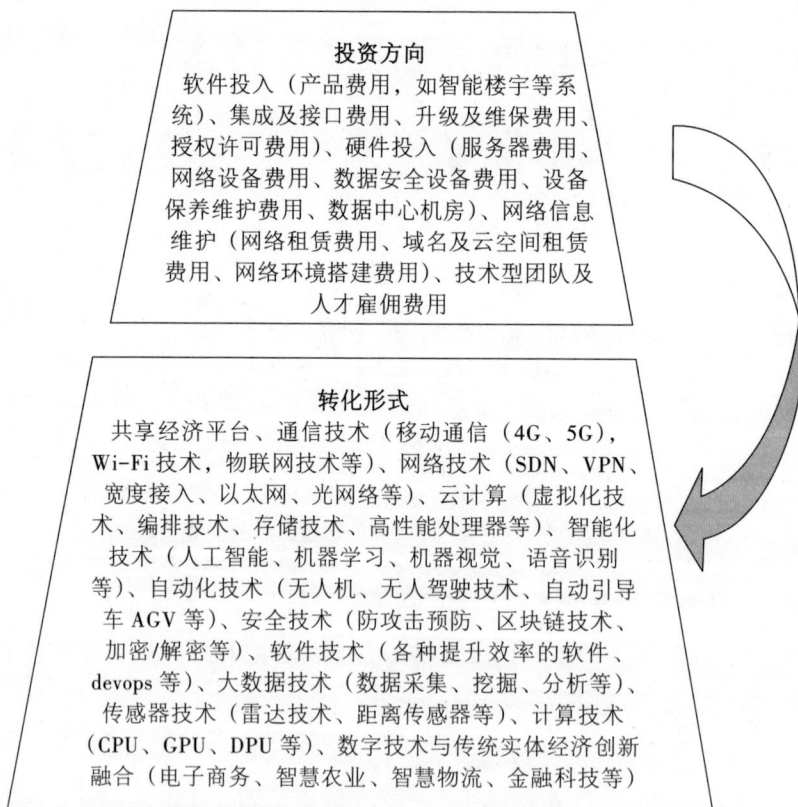

投资方向

软件投入（产品费用，如智能楼宇等系统）、集成及接口费用、升级及维保费用、授权许可费用）、硬件投入（服务器费用、网络设备费用、数据安全设备费用、设备保养维护费用、数据中心机房）、网络信息维护（网络租赁费用、域名及云空间租赁费用、网络环境搭建费用）、技术型团队及人才雇佣费用

转化形式

共享经济平台、通信技术（移动通信（4G、5G），Wi-Fi技术，物联网技术等）、网络技术（SDN、VPN、宽度接入、以太网、光网络等）、云计算（虚拟化技术、编排技术、存储技术、高性能处理器等）、智能化技术（人工智能、机器学习、机器视觉、语音识别等）、自动化技术（无人机、无人驾驶技术、自动引导车AGV等）、安全技术（防攻击预防、区块链技术、加密/解密等）、软件技术（各种提升效率的软件、devops等）、大数据技术（数据采集、挖掘、分析等）、传感器技术（雷达技术、距离传感器等）、计算技术（CPU、GPU、DPU等）、数字技术与传统实体经济创新融合（电子商务、智慧农业、智慧物流、金融科技等）

图3-2 关键词图谱（部分展示）

3.1.2　建立信息库

本章首先使用Python爬虫功能搜集具有数字化投入和数字化能力信息的文本对象。本章在数字化能力指标的文本对象选择时考虑了客观披露和主观披露两个方面，考虑到企业发布的报告具有一定的主观性，并且股票市场中的投资者不能满足于频率较低的企业定期报告，通常会从其他渠道试图获取更多的企业数字化转型信息。因此本章选择"深证互动易"和"上证e互动"两个上市公司与投资者的互动平台作为文本挖掘的主要对象，"深证互动易"和"上证e互动"分别于2010年和2013年上线运行，是所有市场参与主体均可无偿使用的沟通平台和社交平台，投资者可以主动提问并从公司获得需要的解答和信息。"深证互动易"和"上证e互动"平台还为上市公司分别建立了公司专网，提供公司概况、公司公告、分红配股等公司资料以及行情信息，同时鼓励上市公司通过平台，自主性进行未达到法定披露标准的信息发布，并开放路演中心鼓励公司定期召开业绩说明会等，这也为投资者了解公司、分析公司、理性参与提供了充足的资讯和便利的渠道。

同时，已有学者还发现了"证券交易所上市公司投资者关系互动平台"在资产定价方面的价值，孟庆斌等（2020）研究表明依靠"互动易"平台上投资者提问和董秘回复的负面语气可以预测公司未来的股票收益率。因此，本章基于"深证互动易"和"上证e互动"挖掘企业数字化转型相关信息，具有一定的可行性和科学性。相较于微博、微信等社交媒体平台出现的上市公司未公开信息、传播谣言等违规现象，企业通过"证券交易所上市公司投资者关系互动平台"答复投资者的内容是被监管部门严格监督的。例如，2023年3月6日TY通讯（002792）由于在互动平台炒作ChatGPT、未能准确客观答复投资者而收到证券交易所关注函和监管函。同时，本章使用的关于数字化能力文本对象也包含了已有研究更多使用的企业定期/非定期报告、官方网站/账号发布信息、财经新闻等方面。

在进行企业数字化投入信息的文本对象选取时，本章主要考察了企业进行数字化转型时资金的三个融资渠道：（1）上述全部主观、客观公开的信息；（2）国家、省、市级政府对于企业数字化转型的扶持政策及名单（如福建省工业和信息化厅、财政厅联合印发的《关于推进工业数字化转型的九条措施》、2022年度北京市"专精特新"制造业企业数字化赋能奖励项目）；（3）金融市场中推出的关于"数字经济"主题产品信息（如：深证证券交易所发行的"数字经济主题公司债券"和"粤开证券-中小担小贷-知识产权4期资产支持专项计划（数字经济）"）。接着，使用Java PDFbox库对搜集到的文本对象进行文本信息提取、构建信息库，本章构建的信息库包含我国上市公司数字化的相关信息。

3.1.3　构建指标

本章利用Python对步骤一中提取到的文本信息，根据图3-2所示的关键词进行搜索、匹配和词频计数，接着剔除关键词前存在否定词语的表述以及非本公司相关的数字化转型信息，对于不同渠道出现的相同事件/情况的描述进行删减，以避免同一信息重复计数，从而对数字化转型信息进行有效提炼和处理。本章一方面计算企业数字化技术投入占无形资产的比重，构建数字资产指标；另一方面将统计后的词频进行加一取对数的方式得到企业数字化转型程度指标。此外还在信息库提取了每项信息相关的发布时点、发布频率、来源、涉及主体以及计量单位等相关内容，并随着项目进展和时间推移及时更新信息库内容和测度体系。

3.2 企业数字化转型的价值模型构建

本章的理论模型主要基于 Berk 等（2004）的研究，同时依据中国当前经济发展和资本市场改革的现实情况，对模型进行了改进，引入企业的产品市场竞争程度以及产权性质构建了企业数字化转型的价值模型，以探讨企业数字化转型对股票价格的影响机制。

假设当前企业处于连续经营状态，分多个阶段逐步进行一项数字化转型投资项目，项目完成后企业将获得一系列现金流收入。在数字化转型投资完成之前，随着项目的进行，各种新信息会出现，市场条件的不确定性会逐步明确，管理层可以根据具体情况，调整最初的数字化策略，进行投资的暂缓、转换、扩张、终止等行为。因此数字化转型投资项目可以看作以未来现金流为标的资产的一系列复合期权，由于期权价值要高于基础资产，因此数字化投入的溢价要高于随机现金流量本身。在项目完成前的 T 时刻，以企业价值最大化为目标的管理层追求 t 到 T 时刻现金流的现值最大：

$$V(y, n) = maxE_t^Q \left\{ e^{-(r+\phi)(T-t)} V(y(T), n(T)) + \int_t^T e^{-(r+\phi)(s-t)} (v(s)y(s) - u(s)D)ds \right\}$$

$$(3-1)$$

其中，u 为决策变量，如果企业下一期继续投资取值为 1，否则为 0。企业继续进行投资的数字化成本由已完成阶段数 $n(t)$ 决定，表示为 $D(n(t))$，为简便起见，本章假设所有阶段的成本均为常数 D，$v(s)$ 是指示变量，项目完成时取 1，否则取 0。$y(t)$ 是企业成功完成 N 阶段数字化转型投资后获得的系列随机现金流，t = 1，2，…，N，该现金流服从几何布朗运动，$dy(t) = \mu y(t)dt + \sigma y(t)d\omega(t)$，其中 μ 为现金流量的增长率，σ 为标准差，$\omega(t)$ 为维纳过程，用来表示未来现金流的不确定性。参考 Li（2011）的做法，采用给定的定价核：$dm(t) = -rm(t)dt - \theta m(t)dz(t)$，其中 r 为无风险利率。设定 λ 为未来现金流溢价，$\lambda = \sigma\theta\rho$，其中 ρ 为 $z(t)$ 和 $\omega(t)$ 的相关系数，因此在风险中性测度下，随机现金流 $y(t)$ 服从布朗运动，$dy(t) = \hat{\mu}y(t)dt + \sigma y(t)d\hat{\omega}(t)$，$\hat{\mu}$ 和 $\hat{\omega}(t)$ 为风险中性测度下的维纳过程。

此外，本章还在模型中设定技术不确定性（πdt）为企业完成当前阶段的投资并成功进入下一阶段的概率，以及竞争风险（Φdt）为企业的竞争性对手完成数字化投资项目时导致自身未来现金流被终止的可能性。

为了方便，在 t 时刻公司的价值为 $V(y(T), n(T))$，简记为 $V(y, n)$，对式（3-1）应用伊藤定理，得到 HJB 方程：

$$(r + \phi)V(y, n) = \frac{1}{2}\sigma^2 y^2 \frac{\partial^2}{\partial y^2}V(y, n) + \hat{\mu}y\frac{\partial}{\partial y}V(y, n) +$$

$$\max_{u \in [0, 1]} u\pi\left[V(y, n+1) - V(y, n)\right] - D \qquad (3-2)$$

其中，$\pi\left[V(y, n+1) - V(y, n)\right]$ 表示 $n + 1$ 期进行数字化转型投资后企业价值的增加值。在 t 时刻，决定企业当前继续进行数字化转型投资的条件为未来现金流超过现金流的临界值 $y^*(n)$，则在第 n 期企业数字化转型投资的溢价表示为：

$$R(n) = \frac{(\partial V(y, n)/\partial y)y}{V(y, n)}\lambda \qquad (3-3)$$

结合中国现实情况对式（3-3）中无风险利率、项目期数、技术不确定性、竞争风险等参数进行校准，本章研究发现在不同的参数值下，在数字化转型投资项目完成之前的不同时期，企业数字化转型与 $R(n)$ 均存在正相关关系，即：

$$\frac{\partial R(n)}{\partial D} > 0 \qquad (3-4)$$

公司在项目完成之前的每个时期都要进行数字化转型投资，是否继续项目投入取决于现金流的临界值 $y^*(n)$。当数字化转型投入强度较大时，企业的现金流临界值越高，而更高的现金流临界值会增加项目在面临不利冲击时被终止或暂停的可能性，导致投资者要求的溢价提高。因此，更高的数字化转型投入意味着更高的股票收益率。综合上述分析，本章提出如下理论假设：

H3-1：企业数字化转型与股票收益率存在正相关关系。

在现实的企业数字化转型过程中，不同的产品市场竞争程度对应了不同的竞争风险（Φdt）。由此可知，随着企业的产品市场竞争程度的不断加剧，其进行数字化发展对企业价值的提升作用会随之增加，此时率先完成该阶段数字化转型的企业会独占市场，享受赢家通吃效应，而其他企业只能暂停或放弃该数字化项目，增加投入成本进行项目调整。因此在现实情境下，竞争风险不是一个固定不变的常数，而是与企业数字化转型阶段成正比的变量。

综上，本章考虑当存在竞争风险时，管理层继续数字化投入的决策条件为未来现金流可以超过由数字化转型阶段决定的现金流临界值。当企业处于生态级发展阶段时，高竞争风险决定的现金流临界值会超过基本面决定的现金流临界值，此时企业进行数字化项目的投入风险较高，投资者会要求更高的股票收益率，导致现金流临界值必须有相应的提高，才能达到投资者所能接受的估值区间。不同产品市场竞争程度的现金流临界值与竞争风险正相关，更高阶的产品市场竞争程度会产生更高的溢价水平，因此数字化转型与股票收益率的正相关关系在高产品市场竞争程度的企业中会更强。相较于高产品市场竞争程度的企业，在产品市场竞争程度较低时，企业数字化转型与股票收益率的正相关关系相对更弱，此时转型的企业购买硬件设施和软件进行数字化转型时，竞争风险相对较低，因此未来现金流临界值是相对稳定的，投资者要求的溢价水平相对较低。进一步来说，数字化转型程度的溢价水平在企业面临激烈的产品市场竞争时更高。企业数字化的投入越高，一旦出现对未来现金流产生负面影响的情况，如竞争对手企业在技术上提前有了突破，企业就会面临更高的竞争风险，此时会产生更高的调整成本和更长的转型周期，与此同时企业经营中的信息不对称问题也会随之加剧。由 Berk 等（2004）模型引理可知，当项目中断、延迟或终止时，项目溢价几乎接近于上限水平。为了避免企业数字化转型的终止，投资者在此时会要求更高的未来现金流临界值，相应的股票收益率也会更高，即：

$$\frac{\partial R(n)}{\partial \Phi} > 0 \tag{3-5}$$

$$\frac{\partial^2 R(n)}{\partial \Phi \partial D} > 0 \tag{3-6}$$

综合上述分析，本章提出如下理论假设：

H3-2：企业的产品市场竞争程度与股票收益率存在正相关关系。

H3-3：数字化转型与股票收益率的正相关关系在产品市场竞争程度的企业中更强。

H3-4：企业的产品市场竞争程度与股票收益率的正相关关系在高数字化转型程度的企业中更强。

伴随注册制的全面实施和创新制度的逐步完善，当前资本市场改革以建设中国特色现代资本市场为总目标，而在中国特色资本市场中，"特色"最主要的体现在于国企重要性提升和支持科技化数字化的经济转型。与此同时，证监会主席多次强调"要把握好不同类型上市公司的估值逻辑，探索建立具有中国特色的估值体系，促进市场资源配置功能更好发挥"。因此本章结合国企战略地位的提升趋势和大力发展数字经济的政策背景，尝试为国有企业的数字化转型进行合理准确估值。

在当前数字经济的建设进程中，国有企业肩负起了更多的经济责任、政治责任以及社会责任。现实证据表明，与多数非国有企业不同，国有企业在进行数字化转型时面临的投入成本更多、技术难度更大。近年来，国有企业在世界级数字基础设施构筑、智能交换芯片领域、高水平工业互联网平台建设以及引领性新模式新业态培育方面充分发挥出国有经济的战略支撑作用（戚聿东、杜博、温馨，2021）。易露霞等（2021）通过研究企业数字化转型对主业业绩的影响发现，数字化转型在国有企业中有着更好的业绩提升作用。

上述研究为本章刻画产权异质性下企业数字化投入与股票价格关系提供了依据。在 Berk 等（2004）模型中存在这样一个假设：在理想的情况下，企业内生技术不确定性是一个常数，但在现实的企业数字化转型过程中，不同企业对应的技术难度是相差巨大的。通常来说，由于国有企业承担了攻克"卡脖子"技术以及数字化改革的重任，国有企业进行数字化转型时面临更大的技术不确定性。因此，本章考虑当存在技术不确定性（πdt）变量时，高技术不确定性决定的现金流临界值会超过基本面决定的现金流临界值，此时企业进行数字化项目的投入风险更高，投资者会相应要求更高的股票收益率，因此现金流临界值与技术不确定性正相关，国有企业数字化投入会产生更高的溢价水平，即数字化投入与股票收益率的正相关关系在国有企业中会更强，即：

$$\frac{\partial R(n)}{\partial \pi} > 0 \tag{3-7}$$

$$\frac{\partial^2 R(n)}{\partial \pi \partial D} > 0 \tag{3-8}$$

综上分析，本章提出如下理论假设：

H3-5：企业数字化转型与股票收益率的正相关关系在国有企业中更强。

3.3 本章小结

本章可能的研究贡献为以下两点：其一，本章利用文本挖掘和机器学习等成熟技术手段增加信息渠道、拓展测度视角，完成对企业数字化转型的多维度刻画。企业数字化转型测度体系的构建丰富和完善了数字化相关研究，有助于挖掘企业数字化转型的问题事实和内在规律，为后续相关研究提供理论支撑。其二，本章从多阶段研发决策模型出发，使用我国上市公司微观层面的样本，考察企业数字化转型与产品市场竞争对股票收益率的联合影响，并分析了两者之间的作用机制。以往的研究仅基于企业数字化转型或产品市场竞争的单一视角展开对股票收益率的分析，暗含了企业数字化转型与产品市场竞争相互独立的假定。而本章基于改进的多阶段研发模型，同时建立企业数字化转型、产品市场竞争与股票收益之间的联系，研究发现企业数字化转型溢价只存在于产品市场竞争激烈的行业中，竞争溢价只存在于高数字化转型程度的企业中。其三，本章在基础价值模型之上，依据中国当前经济发展和资本市场改革的现实情况，考虑转型的技术不确定性因素和竞争风险因素，在模型中引入产权性质，系统梳理企业数字化转型、产权性质与企业价值之间的逻辑关系，推导出数字化转型与股票收益率之间的多重相关关系。本章将企业数字化转型纳入资产定价的理论框架，并综合考虑了我国产业发展特征和体制机制特色的影响，这是回答如何构建中国特色估值体系以及重估国有企业价值这一问题的关键。

4

企业数字化转型与股票收益率实证结果

本章基于增加信息渠道和拓展考察视角构建的更具全面性和客观性的企业数字化转型测度体系，揭示当前企业数字化转型的问题事实，以检验中国资本市场对企业数字化转型是否具备定价功能，并进一步考察数字化转型与股票价格之间的作用机理。研究结果表明，企业数字化转型与股票收益率之间存在正相关关系，并且这一正相关关系在产品市场竞争加剧时更显著，同时产品市场竞争与股票收益率的正相关关系在高数字化转型的企业中更显著。此外，在考虑产权性质差异性时发现，国有企业中数字化转型与股票收益率的正相关关系更显著。本章丰富了数字化转型与资产定价的实证研究，为资本市场赋能数字经济建设、服务实体经济的经验证据注入新的研究内容。

4.1 引言

企业数字化转型是一个复杂且多维的过程，它涉及企业的战略规划、组织结构、业务流程、文化等多个方面。随着互联网、大数据、人工智能等数字技术的快速发展，全球经济正逐步进入数字经济时代。据国际数据公司（IDC）预计，到2023年，数字经济产值将达到世界GDP的62%。这一趋势迫使企业必须进行数字化转型以适应市场变化，提高竞争力。此外，在激烈的市场竞争中，企业需要通过数字化转型来提升产品和服务的竞争力，更好地满足客户需求，赢得市场份额。同时，数字化转型也是企业应对成本压力、优化资源配置的有效手段。数字化转型不仅仅是技术层面的变革，它还涉及企业内部管理和流程的优化。通过数字化手段，企业可以提高管理效率和响应速度，使企业能够更加灵活地应对市场变化。

数字化转型的特征表明，它是一个不可逆的、不可避免的、快速发展的过程。企业必须适应这一趋势，不断评估其现有商业模式的发展潜力，并进行必要的调整和创新。数字化转型的动因包括数字能力和成熟度、数字技术、战略、商业模式等属性，这些因素共同推动企业进行数字化转型。综上所述，企业数字化转型的研究背景是多维度的，涉及技术发展、市场竞争、内部管理等多个方面。随着数字化转型的不断深入，企业需要不断探索和实践，以适应这一变革趋势。

与此同时，随着国有企业改革的深化，产品市场竞争日趋激烈，市场成为资源配置的主要手段。"十三五"规划指出："加快形成统一开放、竞争有序的市场体系，建立公平竞争保障机制，打破地域分割和行业垄断，着力清除市场壁垒，促进商品和要素自由有序流动、平等交换。"产品市场竞争的加剧提高了企业的现金流不确定性以及风险水平，进而影响到企业的数字化转型决策以及在资本市场的表现。因此，本章是在这样的现实背景下，研究中国上市公司数字化转型、产品市场竞争与股票收益率之间的关系。

企业数字化转型往往伴随着高风险和高回报，许多文献试图探讨企业数字化转型与股票市场间的关系（吴非等，2021；王晓红、栾翔宇、张少鹏，2022），不少学者发现企业数字化转型会提高公司的股票收益（胡海峰、宋肖肖、窦斌，2022）。同时，部分学者研究表明产品市场竞争程度与公司风险以及股票收益率关联密切（吴昊旻、杨兴全、魏卉，2012；赵艳秉、李青原，2016）。从理论上看，已有文献更多是基于企业数字化转型或产品市场竞争的单一视角展开研究，并未考察企业数字化转型与产品市场竞争对股票收益的共同作用效果。事实上，企业管理者的经营决策通常会受到外部环境的影响，而产品市场竞争很大程度上体现了企业的外部治理环境，因此产品市场竞争会影响企业的数字化转型决策。在中国市场上，行业的竞争性与垄断性并存，企业数字化转型进程也存在着较强的差异性，企业数字化转型与产品市场竞争的不同组合会使企业具有不同的风险和股票收益特征。因此，本章主要关注在企业数字化转型和产品市场竞争联合作用下，股票收益率所具有的不同表现及特征，试图为竞争溢价和企业数字化转型溢价提供新的视角。

本章基于多阶段动态决策模型，采用 Fama-French 三因子模型、Carhart 四因子和 Fama-French 五因子模型，运用单变量分组回归和双变量分组回归的方法，分析企业数字化转型及产品市场竞争对股票收益率的影响。本章的研究发现：在高数字化转型程度的企业中存在竞争溢价，但低数字化转型程度的企业中并不存在竞争溢价；在高产品市场竞争的行业中，企业数字化转型程度与股票收益率具有显著的正相关关系，但在低产品市场竞争的行业中不存在这种现象。基于产权性质的分组检验显示，上述关系在国有企业中更显著。

4.2　文献综述与研究假说

企业数字化转型是企业重要的经营决策，不仅影响企业的现金流水平，而且会影响企业在股票市场的表现。诸多学者研究表明企业数字化转型可以改善信息不对称、促进企业研发创新、提升企业价值以及提升企业股票流动性水平和企业在危机期间的韧性（吴非等，2021；胡海峰、宋肖肖、窦斌，2022；王晓红、栾翔宇、张少鹏，2022）。而产品市场竞争作为企业经营的外部压力，一方面与企业的经营绩效紧密相关，对企业当前以及未来的现金流水平产生影响。已有学者考察了产品市场竞争与股票收益之间的关系（Sharma，2011；吴昊旻、杨兴全、魏卉，2012），Hou 和 Robinson（2006）的研究结果表明竞争激烈的行业具有更高的股票收益率。另一方面，产品市场竞争导致的经营风险会影响企业的数字化转型决策。现有研究企业的数字化转型溢价以及竞争溢价的文献，往往只对企业数字化转型与股票收益率的关系或产品市场竞争与股票收益率的关系进行研究，大多数研究认为产品市场竞争与企业的数字化转型是相互独立的，忽略了二者相互作用对股票收益率产生的联合影响。本章试图把企业数字化转型、产品市场竞争与股票收益率三者纳入一个分析框架，考察数字化转型决策和产品市场竞争对股票收益率的联合影响。

当产品市场竞争程度较高时，公司面临更大的竞争压力，数字化转型具有极强的不确定性，此时进行数字化转型决策会导致企业所面临的风险水平产生较大幅度的提高。而当产品市场竞争程度较低时，拥有垄断地位的企业占有更多的市场份额，获得了较高的垄断收益，更能抵御来自市场或竞争对手的负向冲击，因此这些企业进行数字化转型时面临的风险相对较低。基于风险收益平衡理论，处于产品市场竞争程度较高的企业进行数字化转型会使其面临的风险水平提高更多，则其股票收益率也随之提高。因此在高产品市场竞争的行业中，数字化转型与股票收益之间存在更强的正相关关系。同样，高数字化转型程度的企业面临的产品市场竞争加剧时，比低数字化转型程度企业风险水平提高的幅度更大，相应的股票收益率增加更多。因此对于高数字化转型程度的企业来说，产品市场竞争与股票收益率之间可能存在更强的正相关关系。基于对已有研究的回顾和理论模型，本章提出如下两个假设：

假设4-1a：我国上市公司的数字化转型与股票收益率之间存在正相关关系。

假设4-1b：我国上市公司的数字化转型与股票收益率之间的正相关关系只存在于高产品市场竞争的行业。

假设4-2a：我国上市公司的产品市场竞争程度与股票收益率之间存在正相关关系。

假设4-2b：我国上市公司的产品市场竞争程度与股票收益率之

间的正相关关系只存在于高数字化转型程度的公司。

4.3　研究设计

4.3.1　样本选择与数据来源

《2006—2020年国家信息化发展战略》出台以后，我国移动互联网逐步进入高速发展的时期，这为之后各企业的数字化转型提供了技术基础，为此本章选取2008—2024年度我国沪深两市A股和创业板企业为研究对象。之所以将创业板纳入研究对象，是因为创业板企业数量众多，且多为中小型企业，它们在资源、能力等方面与大型企业存在差异，因此在数字化转型过程中面临的挑战和采取的策略也有所不同，这为研究提供了丰富的样本。本章使用的数据全部来源于国泰安CSMAR数据库和中国研究数据服务平台，其中数字化转型数据来源于中国研究数据服务平台，上市公司的股票月度收益、无风险收益率、财务数据、Carhart四因子以及Fama-French三因子、五因子数据来源于国泰安CSMAR数据库。本章研究的样本期为2008年1月1日至2024年6月30日。

在对样本进行筛选时，本章遵循以下原则：剔除银行、保险、券商等金融类上市公司；剔除2008—2024年内被ST和PT的上市公司；剔除上市时间不到6个月的公司；剔除公司规模最小的30%的上市公司；防止研究结果中股票收益率受到借壳上市公司的影响。基于以上原则，本章总共获得了525 767个样本量，当仅保留制造业上市公司时，本章获得了331 242个样本量。本章采用中国证监会发布的《上市公司行业分类指引（2012年修订）》进行行业分类，具体行业分类代码和名称见表4-1。

表 4-1   行业分类代码和名称

行业代码	行业名称	行业代码	行业名称
A	农、林、牧、渔业	K	房地产业
B	采矿业	L	租赁和商务服务业
C	制造业	M	科学研究和技术服务业
D	电力、热力、燃气及水生产和供应业	N	水利、环境和公共设施管理业
E	建筑业	O	居民服务、修理和其他服务业
F	批发和零售业	P	教育
G	交通运输、仓储和邮政业	Q	卫生和社会工作
H	住宿和餐饮业	R	文化、体育和娱乐业
I	信息传输、软件和信息技术服务业	S	综合
J	金融业		

4.3.2　变量定义

为确保股票收益率充分反映数字化转型的影响，本章遵循 Fama 和 French 提出的方法进行匹配。具体而言，当企业在 $t-1$ 年进行数字化转型后，分析其 t 年 7 月份到 $t+1$ 年 6 月份的股票收益率。本章的目的在于考察数字化转型以及产品市场竞争程度、产权性质对股票收益率的联合影响，因而合理地构造衡量数字化转型、产品市场竞争程度及产权性质的指标是本章的关键。下面分别就数字化转型指标、产品市场竞争程度指标、产权性质指标和其他主要变量进行说明。

1）企业数字化转型

现有研究对企业数字化转型的定量度量的主流方法是采用文本分析法对企业年报内容进行文字提取与分析，如吴非等（2021）根据相关领域重要政策文件以及经典文献研究归纳整理出数字化转型的特征词，使用Python等编程软件的爬虫功能提取目标上市企业的年度报告文本内容作为数据池，最后将特征词在数据池中出现的词频数作为企业数字化转型的度量指标。本章在沿用相关学术文献（何帆、刘红霞，2019）或政策文件得到的特征词的基础上使用企业当年的报刊新闻替换企业年度报告，并将特征词在该报刊新闻中出现的报道次数作为构建企业数字化转型的指标体系的关键。这样做的依据是上市公司有义务定期向投资者和市场披露其业务发展和战略方向，企业的报刊媒体通常会报道这些信息，因此，媒体报道中包含的特征词可以反映公司的业务重心和战略动向。

2）产品市场竞争

在衡量产品市场竞争程度时，许多学者分别运用赫芬达尔-赫希曼指数、市场集中比率、企业数量和熵指数等指标展开研究。已有研究显示，市场集中比率无法反映潜在进入者对产品市场竞争的影响（Lyandres，2006），并且忽略了大公司和小公司之间的效率差异，导致较低的市场集中比率并不能代表行业垄断程度低（Hay and Liu，1997）。而企业数量作为绝对数指标只能反映基本竞争状况，无法精确地衡量各行业的竞争程度（张军华，2013）。此外，计算公式中权重设置的缺陷，导致熵指数更容易受到小企业的影响，降低了该指标度量的准确性。因此，为避免上述问题，本章借鉴黄继承和姜付秀（2015）、徐虹等（2015）的做法，选用综合反映市场中所有企业情况的赫芬达尔-赫希曼指数（*HHI*）衡量产品市场竞争程度。

赫芬达尔-赫希曼指数使用行业内各企业销售收入占行业总销售收入的平方之和实现产品市场竞争的测度。由计算方法可知，在竞争性行业中，企业数量较大，并且激烈竞争导致市场份额被众多企业平分，因此各企业销售收入占整个行业销售收入的比重较小，此时赫芬达尔-赫希曼指数较低。而在垄断性行业中，市场被少数几家公司占领，因此计算得到的赫芬达尔-赫希曼指数较高。具体计算公式如下：

$$HHI_{j,t} = \sum_{i=1}^{N} \left(\frac{S_{i,j,t}}{\sum_{i=1}^{N} S_{i,j,t}} \right)^2 \tag{4-1}$$

其中，$S_{i,j,t}$ 表示处于 j 行业的上市公司 i 在 t 年的销售收入。由赫芬达尔-赫希曼指数的计算公式可知，如果行业 j 被一家公司垄断，则 HHI 等于 1，当行业 j 的市场份额被更多公司均等分割时，则 HHI 会随着公司数目的不断增加趋近于 0。因此，赫芬达尔-赫希曼指数越小，则表示该行业产品市场竞争越激烈。此外，为避免可能存在的数据误差，本章还使用行业勒纳指数侧重于衡量同一行业内公司之间市场势力或竞争地位的差异（蔡贵龙等，2022）。该指数的计算基于企业的价格与边际成本之间的差距，利用单个公司的营业收入与单个行业营业收入的比，对个股勒纳指数进行加权得到。个股勒纳指数的具体计算公式为：

勒纳指数=（营业收入-营业成本-销售费用-管理费用）/营业收入　　（4-2）

使用行业内企业数目（n）衡量产品市场竞争程度的思想在于，企业数目较多意味着在既定的市场范围内，个体企业所面临的市场份额争夺压力更大，这种压力源自企业为获得相对优势而进行的竞争行为，包括但不限于价格竞争、产品创新、营销策略的多样化等；而企业数目较少时，企业间的竞争互动更少，市场竞争的强度随之下降。现有研究如周雪敏（2009）等将该指标纳入行业竞争程度度量范围。

变量的定义和计算方法见表4-2。

表4-2   变量定义

变量符号	变量名称	变量定义
R	股票收益率	考虑现金红利再投资的月度超额收益率
Dig	企业数字化转型	基于文本分析方法得到的数字化词数+1取自然对数
HHI	产品市场竞争程度	详见公式（4-1）
$Index$	勒那指数	详见公式（4-2）
$RMRF$	价值因子	市场组合收益减去无风险收益率
SMB	规模因子	小市值股票组合收益减去大市值股票组合收益率
HML	账面市值比因子	高账面市值比组合收益减去低账面市值比组合收益率
UMD	动量因子	高收益组合收益减去低收益组合收益率
RMW	盈利因子	高盈利组合收益减去低盈利组合收益率
CMA	投资因子	高投资比例组合收益减去低投资比例组合收益率

4.3.3 研究方法与研究设计

1）研究方法

本章采用经典的资本资产定价模型回归法进行实证研究。回归法的基本思路是，根据个股的公司特征对样本股票进行分组，每组股票构成一个投资组合，以月度市值为权重计算各个股票组合的加权收益率，进一步使用资本资产定价模型中的Carhart四因子模型和Fama-French五因子模型进行回归，得到资本资产定价模型截距项（α）的估计值及显著性，此时α体现了控制资本资产定价模型中的基本面因子影响后的股票组合的剩余收益，进而对比不同股票组合中α的水平，检验本章的假设。

三种定价模型的具体形式分别为：

（1）Fama-French 三因子模型：

$$R_t = \alpha + \beta_1*RMRF_t + \beta_2*SMB_t + \beta_3*HML_t + \varepsilon_t \qquad (4\text{-}3)$$

（2）Carhart 四因子模型：

$$R_t = \alpha + \beta_1*RMRF_t + \beta_2*SMB_t + \beta_3*HML_t + \beta_4*UMD_t + \varepsilon_t \qquad (4\text{-}4)$$

（3）Fama-French 五因子模型：

$$R_t = \alpha + \beta_1*RMRF_t + \beta_2*SMB_t + \beta_3*HML_t + \beta_4*RMW_t + \beta_5*CMA_t + \varepsilon_t \qquad (4\text{-}5)$$

其中，R_t 为股票组合的月度超额收益率，即股票组合的月度收益率与无风险利率的差值，$RMRF_t$ 是 t 月的市场组合超额收益率因子，SMB_t 是 t 月的规模因子，HML_t 是 t 月的账面市值比因子，UMD_t 是 t 月的动量因子，RMW_t 是 t 月的盈利因子，CMA_t 是 t 月的投资因子。

2）股票组合的构造

具体的分组方法采用单变量分组和双变量分组。本章分别根据企业数字化转型程度和产品市场竞争程度来构造股票组合。本章利用单变量分组研究企业数字化转型程度（产品市场竞争）与股票收益率之间的相关关系时，具体的构造方法为：把第 t-1 年企业数字化转型程度（产品市场竞争）的大小，按照升序（降序）进行排序后分成 5 组 P1（20% 分位数）、P2（20%~40% 分位数）、P3（40%~60% 分位数）、P4（60%~80% 分位数）以及 P5（80%~100% 分位数）。其中，P1 为企业数字化转型程度最低组（产品市场竞争程度最弱组），P5 为企业数字化转型程度最高组（产品市场竞争程度最强组），以此类推。参考基本面因子的构造，计算 t 年 7 月至 t+1 年 6 月每组的市值加权月收益率。在 t+1 年的 6 月底，再次构造下一年的股票组合收益率。接着基于模型的截距项的显著性检验本章假设。若数字化转型程度最高组的截距项显著高于最低组，则说明假设 4-1a 成立。在检验假设 4-2a 时，若产品市场竞争程度最高组的截距项显著高于最低组，则说明假设4-2a成立。

在双变量分组中，本章首先根据$t-1$年产品市场竞争程度33%分位数和66%分位数将所有股票分为3组，同时在每一个组里根据数字化转型程度从低到高分为5组，由此得到15个投资组合，计算这15个组合的股票收益率。在检验假设4-1b时，需要实证分析在高竞争组中，数字化转型程度最高组与数字化转型程度最低组的截距项α是否存在显著差异。若在高竞争组中，数字化转型程度最高组的截距项α显著高于最低组，但低竞争组中不存在这种结果，则说明假设4-1b成立。为验证假设4-2b，本章根据$t-1$年企业数字化转型程度33%分位数和66%分位数将所有股票分为3组，同时在每一个组里根据产品市场竞争程度从低到高分为5组，由此得到15个投资组合，计算这15个组合的股票收益率。若在高数字化转型程度组中，产品市场竞争程度最高组的截距项α显著高于最低组，但低数字化转型程度组中不存在这种结果，则说明假设4-2b成立。

4.4 实证结果

4.4.1 描述性统计

表4-2展示了描述性统计结果。从表4-2可知，基于新闻报道的企业数字化转型程度均值为3.192，标准差为2.032，基于分析师报告的企业数字化转型程度均值为1.255，标准差为1.834，由标准差可知样本期内各企业的数字化转型程度存在较强的异质性。由HHI的计算公式可知，取值越趋近于1说明产品市场竞争程度越低，表4-3中显示HHI均值为0.058，中位数为0.035，说明大部分企业的竞争程度较高。

表4-3　　　　　　　　　　　描述性统计

变量	样本数	均值	标准差	最小值	中位数	最大值
新闻报道数字化	16 895	3.192	2.032	0.000	3.296	12.060
分析师报告数字化	16 895	1.255	1.834	0.000	0.000	7.675
产品市场竞争	17 525	0.058	0.061	0.011	0.035	1.000
勒那指数	15 770	0.116	0.069	−0.062	0.110	0.530

4.4.2　实证分析

1）单变量分组

本章根据企业数字化转型程度和产品市场竞争进行单变量分组，相关检验结果见表4-4、表4-5。本章首先分析了数字化转型程度与股票收益率之间的关系。样本时间区间为2008—2024年，总共192个月的数据。在$t-1$年，将所有公司按照数字化转型程度的从低到高分为5组，分别计算各个组合的收益率。股票组合的收益率采用加权收益率，权重为股票的月度市值，由此得到960个组合的收益率。为测量不同组之间的收益率和风险差异，使用Fama-French三因子模型、Carhart四因子模型和Fama-French五因子模型进行估计。对不同数字化转型程度的数据进行分组回归，得到每组的回归结果。

回归结果见表4-4。结果显示无论是使用Fama-French三因子模型、Carhart四因子模型还是Fama-French五因子模型估计得到的股票α，均随着股票组合数字化转型程度的增加而增大。当使用Carhart四因子模型估计时，随着数字化转型程度从最低组到最高组变化，股票α从−0.21上升到0.26。此外，数字化转型程度高组与低组之间的差值显著为0.47。当使用Fama-French三因子模型估计时，数字化转型程

度最低组的组合 α 值为-0.26，最高组的组合 α 值为 0.17，组间差异显著为 0.43；当使用 Carhart 四因子模型估计时，数字化转型程度最低组的组合 α 值为-0.21，最高组的组合 α 值为 0.26，组间差异显著为 0.47；当使用 Fama-French 五因子模型估计时，数字化转型程度最低组的组合 α 值为-0.19，最高组的组合 α 值为 0.19，组间差异显著为 0.38。表中单变量排序的数据结果将支持假设 4-1a，即我国上市公司的数字化转型程度与股票收益率之间存在正相关关系。

表4-4 数字化转型与股票收益率

	数字化	1组（低数字化转型程度组）	2组	3组	4组	5组（高数字化转型程度组）	5组-1组
FF 五因子	α	-0.19	-0.11	-0.15	-0.12	0.19	0.38**
	t统计量	-1.54	-0.80	-1.12	-0.87	1.52	2.28
Carhart 四因子	α	-0.21	-0.13	-0.17	-0.17	0.26**	0.47***
	t统计量	-1.76	-1.01	-1.32	-1.25	2.08	2.76
FF 三因子	α	-0.26**	-0.19	-0.24*	-0.25*	0.17	0.43***
	t统计量	-2.22	-1.53	-1.87	-1.77	0.181	2.59
样本量		192	192	192	192	192	192

注：***、**和*分别表示在1%、5%、10%水平上显著。

接着，本章检验了产品市场竞争与股票收益率之间的关系。表4-5的回归结果表明，基于 Fama-French 三因子模型、Carhart 四因子模型以及 Fama-French 五因子模型估计出来的股票 α，均随着股票组合 *HHI* 的降低而增加。其中使用 Carhart 四因子模型回归时，*HHI* 从 P1 至 P5 逐渐减小，即产品市场竞争程度增加，P5-P1 组合的股票 α 显著达到 0.62，即处于竞争性行业的公司会获得更高的超额收益率，而处于垄断性行业的公司会获得较低的超额收益率。该结果与 Hou

和 Robinson（2006）以及陶洪亮（2012）得到的结果一致。这表明企业在产品市场竞争激烈时面临着更多的竞争风险，这种风险导致了超额的收益率。

表4-5　　　　　　　　**产品市场竞争与股票收益率**

	HHI	1组（低产品市场竞争程度）	2组	3组	4组	5组（高产品市场竞争程度）	5组-1组
FF 五因子	α	−0.05	0.06	0.15	−0.04	0.60***	0.65**
	t统计量	−0.23	0.26	0.71	−0.19	2.91	2.35
Carhar t四因子	α	−0.04	0.11	0.18	−0.09	0.58***	0.62**
	t统计量	−0.17	0.52	0.88	−0.48	2.78	2.28
FF 三因子	α	−0.00	0.08	0.17	−0.17	0.50**	0.50*
	t统计量	−0.01	0.40	0.82	−0.86	2.38	1.84
样本量		192	192	192	192	192	192

注：***、**和*分别表示在1%、5%、10%水平上显著。

2）双变量分组

这部分本章使用双变量排序法，研究企业数字化转型与产品市场竞争程度对股票收益率的联合影响。

表4-6展示了不同产品市场竞争下，企业数字化转型与股票收益率之间的关系，表中呈现的结果显示了不同产品市场竞争程度下，高数字化转型程度组与低数字化转型程度组股票α的差异。

结果显示在高产品市场竞争时，无论使用Fama-French三因子模型、Carhart四因子模型还是Fama-French五因子模型估计得到的股票α，均随着数字化转型程度的增加而增加。例如，通过Carhart四因子模型估计出的股票α，随着数字化转型程度的增加，P5-P1组合的股票α显著达到0.99。但在低产品市场竞争的组合中,使用两种模型估计得到的股票α并不会随着数字化转型程度的增加而增加,P5-P1组合的股票α不显著。因此,表4-6中双变量排序的结果证实了本章的研究假设4-1b,即企业数字化转型程度与股票收益率之间的正向关系只存在于高产品市场竞争行业中,在垄断行业中,数字化转型程度不存在风险溢价。

表4-6　　　　　　　不同产品市场竞争中的数字化转型溢价

	数字化转型程度5组(高)-1组(低)		
	HHI	1组(低产品市场竞争程度)	2组	3组(高产品市场竞争程度)
FF 五因子	α	0.26	0.50*	0.94***
	t统计量	1.13	1.87	3.19
Carhart 四因子	α	0.31	0.54**	0.99***
	t统计量	1.32	2.00	3.38
FF 三因子	α	0.31	0.55**	0.92***
	t统计量	1.35	2.06	3.19
样本量		192	192	192

注：***、**和*分别表示在1%、5%、10%水平上显著。

表4-7展示了不同企业数字化转型程度下,产品市场竞争与股票收益率之间的关系,表中呈现的结果显示了不同企业数字化转型程度下,高产品市场竞争程度组与低产品市场竞争程度组股票α的差异。

结果显示在企业数字化转型程度较高时,无论使用Fama-French三因子模型、Carhart四因子模型还是Fama-French五因子模

型估计得到的股票 α，均随着产品市场竞争程度的增加而增加。例如，通过 Carhart 四因子模型估计出的股票 α，随着产品市场竞争的增大，P5-P1 组合的股票 α 达到 0.79，并在 5% 的水平上显著。但在低数字化转型程度的组合中，使用两种模型估计得到的股票 α 并不会随着竞争程度的增加而递增，P5-P1 组合的股票 α 不显著。因此，表4-7中双变量排序的结果与研究假设 4-2b 一致，即产品市场竞争程度与股票收益率之间的正向关系只存在于高数字化转型程度企业中，在数字化转型程度较低时，产品市场竞争不存在风险溢价。

表4-7　　　　　　　不同数字化转型程度中的竞争溢价

产品市场竞争程度5组（高）-1组（低）				
	新闻报道数字化	1组（低数字化转型程度）	2组	3组（高数字化转型程度）
FF	α	0.13	0.15	0.82**
五因子	t统计量	0.44	0.46	2.37
Carhart	α	−0.01	0.04	0.79**
四因子	t统计量	−0.04	0.14	2.37
FF	α	−0.03	−0.05	0.64*
三因子	t统计量	−0.10	−0.14	1.89
样本量		192	192	192

注：***、**和*分别表示在1%、5%、10%水平上显著。

4.4.3　异质性分析

为了检验企业数字化转型对股票收益的影响在国有企业和非国有企业之间是否有显著差异，本章进行了基于产权性质的分组回归。回归结果见表4-8、表4-9。

表4-8　　　　　国有企业及非国有企业中的数字化转型溢价

数字化转型程度5组（高）-1组（低）			
	产权性质	非国有企业	国有企业
FF五因子	α	0.17	0.46**
	t统计量	0.84	2.32
Carhart四因子	α	0.21	0.53***
	t统计量	1.00	2.65
FF三因子	α	0.25	0.50**
	t统计量	1.24	2.57
样本量		192	192

注：***、**和*分别表示在1%、5%、10%水平上显著。

表4-9　　　　不同产权性质企业中的数字化转型溢价

数字化转型程度5组（高）-1组（低）					
	产权性质	国企	民营	外资	其他
FF五因子	α	0.45**	0.17	0.43	0.04
	t统计量	2.22	0.77	0.76	0.08
Carhart四因子	α	0.53***	0.22	0.48	0.10
	t统计量	2.61	0.96	0.85	0.19
FF三因子	α	0.51**	0.26	0.44	0.29
	t统计量	2.51	1.14	0.80	0.58
Obs		192	192	192	192

注：***、**和*分别表示在1%、5%、10%水平上显著。

表4-8展示了企业数字化转型与股票收益关系在国有企业和民营企业间的差异。根据国有子样本的回归结果可知，对于国有企业而言，无论使用Fama-French三因子模型、Carhart四因子模型还是Fama-French五因子模型估计得到的股票α，均随着企业数字化转型程度的增加而增加。例如，通过Carhart四因子模型估计出的股票α，

随着企业数字化转型程度的增大，P5-P1组合的股票α达到0.53，并在1%的水平上显著，在非国有企业中则不存在数字化转型溢价。这说明，对于国有企业而言数字化转型存在溢价。由表4-9的结果可知，无论民营企业还是外资企业，均不存在数字化转型溢价，进一步说明了数字化转型对国有企业的股票收益率影响更大。

4.4.4 稳健性检验

接下来本章将企业数字化转型程度的度量方式改为分析师报告数字化来检验实证结果的稳健性，基于数据可得性，本节研究数据的区间为2015年1月1日至2023年12月31日，同时采用勒纳指数替换赫芬达尔-赫希曼指数测度产品市场竞争程度。稳健性检验使用的样本量为108个，回归结果见表4-10、表4-11、表4-12、表4-13。由各表结果可以发现，使用Carhart四因子模型以及Fama-French三因子模型估计得到的结果均与前文结果一致，因此本章的研究假设4-1a、4-1b、4-2a、4-2b均成立。

表4-10　　　**数字化转型与股票收益率的稳健性检验**

	分析师报告数字化	1组（低数字化转型程度）	2组	3组	4组	5组（高数字化转型程度）	5组-1组
FF 五因子	α	−0.17	−0.06	−0.19	−0.03	0.02	0.19
	t统计量	−1.14	−0.39	−1.25	−0.16	0.12	0.92
Carhart 四因子	α	−0.27*	−0.11	−0.22	−0.12	0.27**	0.54***
	t统计量	−1.81	−0.75	−1.56	−0.78	2.26	2.62
FF 三因子	α	−0.33**	−0.22	−0.32**	−0.18	0.09	0.42**
	t统计量	−2.27	−1.42	−2.22	−1.13	0.65	2.07
样本量		108	108	108	108	108	108

注：***、**和*分别表示在1%、5%、10%水平上显著。

表4-11　不同产品市场竞争中数字化转型溢价的稳健性检验

| | 勒纳指数 | 数字化转型程度5组（高）-1组（低） | | |
		1组（低产品市场竞争程度）	2组	3组（高产品市场竞争程度）
FF五因子	α	0.09	−0.02	0.50
	t统计量	0.33	−0.06	1.54
Carhart四因子	α	0.33	0.21	0.93***
	t统计量	1.33	0.84	2.80
FF三因子	α	0.19	0.11	0.86***
	t统计量	0.76	0.44	2.66
样本量		108	108	108

注：***、**和*分别表示在1%、5%、10%水平上显著。

表4-12　　　　产品市场与股票收益率的稳健性检验

	勒纳指数	1组（低产品市场竞争程度）	2组	3组	4组	5组（高产品市场竞争程度）	5组-1组
FF 五因子	α	0.20	0.22	0.07	−0.05	0.57**	0.37
	t统计量	0.97	0.79	0.28	−0.25	2.10	1.01
Carhart 四因子	α	0.09	0.12	0.07	−0.01	0.78***	0.69*
	t统计量	0.46	0.44	0.27	−0.04	2.82	1.88
FF 三因子	α	0.04	0.05	0.07	−0.02	0.77***	0.73**
	t统计量	0.18	0.19	0.29	−0.12	2.80	2.02
样本量		108	108	108	108	108	108

注：***、**和*分别表示在1%、5%、10%水平上显著。

表4-13　　　不同数字化转型程度中竞争溢价的稳健性检验

	分析师报告数字化	1组（低数字化转型程度）	2组	3组（高数字化转型程度）
产品市场竞争程度5组（高）-1组（低）				
FF五因子	α	0.44*	0.34	0.94***
	t统计量	1.77	1.17	2.72
Carhart四因子	α	0.28	0.14	0.84**
	t统计量	1.17	0.48	2.45
FF三因子	α	0.34	0.12	0.82**
	t统计量	1.40	0.42	2.41
样本量		108	108	108

注：***、**和*分别表示在1%、5%、10%水平上显著。

4.5　结论及建议

本章考察了企业数字化转型、产品市场竞争与股票收益率之间的相关关系，将三者纳入多阶段动态决策模型，分别从理论和经验上探讨了企业数字化转型和产品市场竞争对股票收益率的联合影响。本章采用Fama-French三因子模型、Carhart四因子模型和Fama-French五因子模型，利用双变量分组的方法，研究企业数字化转型和产品市场竞争程度与股票收益率之间关系时发现，在高数字化转型程度的企业中存在竞争溢价，但低数字化转型程度的企业中并不存在竞争溢价；在高产品市场竞争的行业中，数字化转型程度与股票收益率具有显著的正相关关系，但在低产品市场竞争的行业中不存在数字化转型程度溢价。基于产权性质的分组检验结果表明，数字化转型程度溢价只存在于国有企业，非国有企业不存在数字化转型程度溢价。此外，本章通过替换构建企业数字化转型程度指标使用的文本数据以及产品市场竞争的测度指标，进行稳健性检验，稳健性检验结果进一步验证了本章此前的研究结论。本章的研究不仅在理论上丰富了企业数字化转型程度与产品市场竞争的相关文献，并且可在实践中为企业高管及投资者提供重要信息，促进企业和投资者对数字化转型程度的认识。

本章研究具有以下三个启示：第一，从企业角度讲，开展数字化转型活动会显著影响其业绩和资本市场的表现。企业决策者在决定是否进行数字化转型决策以及具体的数字化转型投入时，要结合所处行业的市场竞争状况。第二，从政府角度讲，政府应当密切关注各个行业中的市场竞争状况，使其干预市场的作用能得到合理发挥。在数实融合方面，政府应当根据产品市场竞争程度的不同而实施不同的补助，对于竞争性行业应当增强其数字化转型补助。第三，从投资者角度讲，当投资不同行业时，投资者的关注重点有所不同。如投资竞争性行业的公司时，投资者应当更加注重数字化转型程度及其影响，从而做出正确的决策。

金融企业数字化转型与股票市场系统性风险溢出

本章应用我国2012—2021年包括银行、证券、保险、房地产在内的20家上市金融机构面板数据，基于静态和动态两个视角，重点讨论了我国金融机构跨部门系统性风险溢出规律，实证检验了金融企业数字化转型对我国金融机构系统性风险溢出的影响。结果发现：在我国金融机构中，保险和银行部门为主要风险溢出者，而房地产与证券部门为主要风险接收方；以2014年为节点，我国金融机构系统性风险溢出呈现出先升后降的趋势；金融企业数字化转型将会对我国金融机构系统性风险溢出产生抑制作用。

5.1 引言

当前，我国经济正从高速增长阶段进入高质量发展阶段，我国金融进一步改革与发展的重中之重便是防范和化解金融系统性风险。因此，构建金融系统性风险的科学度量和预警方法，有效地识别、防范和化解风险的传染，成为现阶段最为重要和紧迫的任务。在新常态背景下，债务杠杆率过高、影子银行规模过大、房地产泡沫化严重等金融风险问题加剧，应针对我国金融风险的各个源头剖析我国金融系统性风险的特征事实，准确、有效地度量金融系统性风险。一方面，金融系统性风险在截面维度上发生传染，在由各金融机构、金融部门、金融市场构成的网络节点上进行传播；另一方面，金融系统性风险也在时间维度上叠加、累积放大，金融系统性风险一旦形成，就会迅速经过网络传染发生溢出，波及整个金融系统，甚至对宏观经济产生负面冲击。

金融的发展常常与风险相伴，防范、抑制风险在国家间、市场间和企业间的溢出是金融工作的重点之一。当一个市场或资产类别中的风险事件发生时，由于市场的相互联系和资产之间的互相影响，这种风险可能会扩散到其他市场或资产类别，影响到它们的价格、流动性和投资价值。风险溢出是金融体系中的常见现象，广泛存在于金融机构间和各个子市场间，需要投资者和监管机构密切关注和管理。投资者可以通过调整组合策略，避免市场间的交叉风险溢出影响（宫晓莉、熊熊，2020），监管机构也需要跟上金融创新的脚步，出台相应的政策措施防范和化解风险溢出的风险。

自 2010 年以来，"数字化转型"一词的热度不断上升，实业界、理论界、教育界以及政府部门等都对这一领域的发展高度关注。随着大数据、人工智能、区块链、物联网等新兴科技的产生与深化，金融行业不断涌现出新的金融形态、金融模式、金融产品，金融行业的各个领域都受到深刻的影响与冲击。与此同时，监管机构对可能与其相随的金融风险乃至风险溢出愈发重视。金融企业数字化转型促使金融业务边界逐渐模糊，金融风险传导突破时空限制，给货币政策、金融市场、金融稳定、金融监管等方面带来新挑战。2022 年初央行编制的第二轮《规划》更加强调要加快监管科技的全方位应用，强化数字化监管能力建设，对金融企业数字化转型创新实施穿透式监管，筑牢金融与科技的风险防火墙。党的二十大报告提出："加强和完善现代金融监管，强化金融稳定保障体系，依法将各类金融活动全部纳入监管，守住不发生系统性风险底线。"而对金融企业数字化转型的研究表明，金融企业数字化转型降低了银行之间的信息不对称程度，显著降低了商业银行的风险水平（金洪飞、李弘基、刘音露，2020）。同时，金融企业数字化转型能够通过提升银行信息甄别能力显著缓解企业短债长用水平，避免企业过度负债（李逸飞、李茂林、李静，2022）。

金融企业数字化转型一方面提高了监管部门对金融创新引起金融系统性风险溢出攀升的警惕，另一方面表现出提高企业科技水平从而减少某些金融机构的风险的作用。以上现象引发了思考：金融体系内各金融机构间的系统性风险溢出网络是怎样的？金融企业数字化转型是否对金融机构间的系统性风险溢出效应产生了影响？针对这两个问题，本章以我国代表性上市金融机构数据为样本，先后构建跨部门系统性风险溢出网络、金融企业数字化转型与金融机构系统性风险溢出计量模型，探究金融机构系统性风险溢出宏观规律与金融企业数字化转型对金融机构系统性风险溢出的影响情况。

本章的贡献主要体现在：第一，此前研究系统性金融风险溢出网络的部分文献，通常参考 Diebold 和 Yilmaz（2009）的方法构建溢出指数，使用滚动窗口方法进一步刻画风险的动态溢出效应。但 Diebold 和 Yilmaz（2009）的滚动窗口估计方法一方面导致了较为严重的窗口依赖问题，而窗口长度没有统一的标准，人为设定的长度过长或过短都会显著影响估计结果，另一方面，滚动窗口的存在导致了一定程度的信息浪费，对小样本研究的影响则尤为严重。因此本章选择将极端风险溢出置于非滚动窗口的网络视角之下，使用最前沿的基于时变参数向量自回归模型的方差分解方法（Antonakakis, Chatziantoniou, and Gabauer, 2020）考察系统性金融风险传染的特征事实，不仅可以研究整个系统性金融风险总体的时变溢出水平，而且能够全面深入地研究金融系统内风险传染的动态特征。第二，已有文献在研究系统性金融风险时，大多局限在金融系统内部，对金融风险的累积和传染进行考察，或针对某一金融市场或金融部门就金融系统性风险进行溯源，更多考虑了金融系统内生的风险因素；而本章在溯源金融系统性风险时，将视角拓展到金融系统之外，考察金融企业数字化转型对股票市场金融部门风险溢出效应的影响，发现金融企业的数字化转型可以抑制系统性金融风险的传染，因此本章的研究视角丰富了系统性金融风险防范的相关文献。

5.2 文献综述与理论分析

准确识别和度量金融风险是科学防范和有效控制金融风险的必要前提。本章基于已有文献的成果将金融系统性风险度量方法划分为以下三类：

第一类，主要是基于金融系统性风险导致的机构损失、系统损失和损失发生的概率进行评估。其中，使用最为广泛的是由JP摩根提出的在险价值（Value-at-Risk，即VaR），其原理是根据资产历史收益率对资产收益率相关的概率分布进行估计，进而测度机构在极端风险发生时所遭受的损失水平，以及某一损失出现的可能性。在之后的十几年里，VaR一直是各大金融机构及学者们度量金融风险的主流方法，先后出现了利用分位数回归方法、DCC-GARCH方法、Copula方法度量VaR的学术文献。Adrian和Brunnermeier（2016）对VaR方法进行了改进，建议使用条件在险价值（Conditional Value-at-Risk，即CoVaR）来度量当某一个金融机构发生损失时，其他各机构以及整个系统所遭受的损失水平。López等（2015）考虑到金融风险在经济上行和经济下行时期爆发对金融系统造成的损害是非对称的，因此将CoVaR方法改进为非对称CoVaR方法。

第二类，考虑到市场极端情况而提出的预期损失模型，具体包括组合预期损失模型（Banulescu and Dumitrescu，2015）、系统预期损失模型（Acharya，Pedersen，Pedersen，2017）、系统性风险指标（Brownlees and Engle，2017）等方法。这一类方法可以测度单个机构在金融系统发生危机时遭受的预期损失水平，其中CES模型可以通过测度每个金融机构对金融系统性风险的贡献占比从而确定每个机构的系统重要性。现有文献大多利用时变波动率和相关系数类的TARCH

以及DCC模型对这一类指标进行量化。

第三类，为了避免单一指标在度量金融系统性风险时存在的片面性问题，部分学者分别针对金融系统中的金融机构尾部风险、金融体系间的传染风险、金融市场的波动风险、金融资产的流动性以及信用风险等层面，选取多个代表性指标，进一步构建综合指标以全面度量金融系统性风险水平（Giglio，Kelly，and Pruitt，2016）。部分文献将其定义为金融压力指数、金融状况指数以及金融系统性风险综合指标等。

近年来，大量国内学者针对金融系统性风险展开研究。杨子晖等（2018）分别采用VaR、CoVaR、ΔCoVaR以及MES方法衡量金融系统性风险，并且证实这四种方法都能较好地对风险事件加以体现。杨子晖和李东承（2018）基于模拟分析的方法对银行系统的风险展开分析，研究结果表明系统性风险的主要来源是传染性风险，并且股份制银行和城商行是重要的风险源头。杨子晖等（2019）基于预期损失模型研究了中国各金融部门极端风险的传染效应以及非线性特征。李政等（2019）构建了 CoVaR 的统一框架，同时使用 ΔCoVaR 和 Exposure-ΔCoVaR的方法，评估出中国金融机构的系统重要性与脆弱性，其研究结果表明，中国银行和保险的系统重要性更高，而证券的系统脆弱性更高。杨子晖等（2020）利用条件自回归风险价值模型度量了45个国家和地区的外汇市场与股票市场尾部风险，并基于非线性框架讨论了风险的动态演变。钟婉玲等（2020）参考 Massacci（2017）的方法，利用时变POT模型度量中国股票市场动态尾部风险。张大永和姬强（2018）以原油市场、股票市场以及外汇市场为研究对象，考察了金融风险的动态传染。方意等（2020）利用 Lasso 分位数回归模型，度量银行业的风险水平，并证实了指标的规模特征有效性。杨子晖等（2021）利用面板平滑转换估计模型研究发现上市银行的规模可以缓解我国金融系统性尾部风险，并且这种影响存在着非线性转变。

　　金融系统性风险往往起源于单个金融部门或金融市场，甚者是某个单独的金融机构，但风险却会传染扩散至整个金融系统。因此，微小的金融风险可能会在多个金融机构或整个金融系统中传染并扩散，进而形成金融系统性风险。金融风险在金融机构层面上的传染扩散途径主要是支付清算和同业往来导致的金融风险传染（Eboli，2012）和由于资产业务属性相同导致的金融风险联动（Allen，Babus，and Carletti，2012）。金融风险在金融市场层面上的传染扩散途径主要有以下三个：一是，某个辐射到多个金融市场的风险事件导致的多个金融市场相继爆发风险；二是，投资者跨市场投资行为导致多个金融市场资产形成共同的投资组合，当某一金融市场发生风险事件时，投资者对投资组合的资产调整行为会导致金融风险向其他金融市场发生传染；三是，投资者心理预期发生了改变，从而对多个金融市场进行投机性投资，导致多个金融市场发生系统性风险的传染（Sgherri and Galesi，2009）。

　　自全球次贷危机爆发之后，针对金融系统性风险的研究已经从"机构太大不能倒"逐渐转变为"关联太紧密而不能倒"，那么如何度量金融机构之间的关联关系就成为学者们探讨的热点问题。近年来，大量的文献试图建立起一个以金融机构为节点的网络模型，以此来追踪系统重要性机构以及金融系统性风险在网络中的累积和传染。已有文献主要是根据以下六种方法构建网络模型来判断金融系统性风险的传染性和金融机构之间的关联程度。

　　第一种方法是基于相似性的金融网络，根据每两个节点的相关性确定最后有限的连边。比如最小生成树、偏相关系数以及平面极大过滤图等方法。Turkey和Franck（2012）基于同期收益率的相关系数，运用最小生成树方法对金融系统性风险的传导机制进行识别。欧阳红兵和刘晓东（2015）采用MST和PMFG方法考察金融风险传导复杂网络，并基于节点中心性等要素研究了金融系统性风险的具体传导过程。张自力等（2020）的研究利用股票市场的收益率数据，构建各上市公司的依赖网络并以中心度等指标考察系统性风险，进一步解决了以往资产定价方法中存在的问题，完善了股票的有效定价方法。

第二种方法是构建格兰杰因果网络。Billio等（2012）最早使用格兰杰因果检验结果来构建金融复杂有向关联网络。Marco和Gnabo（2018）在此基础上利用时变参数向量自回归模型发现，时变参数向量自回归模型的检验结果优于传统的滚动窗口格兰杰检验，并且对金融机构的系统重要性排序结果更稳定。考虑到格兰杰因果检验的结果不稳定，并且只有统计学的显著意义，缺少经济学意义的支持，而且只能两两检测，因此后期学者们提出了使用有向无环图对格兰杰因果检验的缺陷进行弥补。Yang和Zhou（2013）则基于有向无环图，对处在次贷危机后的国际金融机构构建了信用风险传导渠道和金融网络结构。

第三种方法是基于LASSO方法构建的复杂网络。Robert（1996）提出了最小绝对值收缩和筛选算子方法（LASSO）。该方法本身是基于最小化残差平方的基本思路，估计出重要变量的系数，既能实现参数的估计又能精简解释变量集合。Hautsch等（2015）基于股票市场的资产价格和公开披露的资产负债表数据，采用LASSO方法构建了有向金融网络，并发现金融机构极端风险的主要来源是由其他金融机构极端风险的溢出导致。刘晓东和欧阳红兵（2019）分别基于两步分位数回归、LASSO方法和复杂网络理论来分析不同金融机构的金融系统性风险贡献度。梁琪和常姝雅（2020）基于LASSO-VAR模型构建了上市金融机构的关联网络。

第四种方法是由 Diebold 和 Yilmaz（2014）提出的基于广义脉冲响应函数的动态溢出矩阵，以此构建金融机构间、市场间的风险传染关联网络。杨子晖等（2018）通过对上市金融机构的金融系统性风险构建溢出网络，利用风险传染矩阵和边际净传染指数考察了我国金融风险在不同金融部门间的传染特点。杨子晖（2020）基于高频的金融市场数据和低频的宏观经济数据，使用混频模型探讨了中国股票市场、外汇市场与经济间的风险溢出机制。

第五种方法是 Allen 和 Gale（2000）、Aikman 等（2009）以金融机构间的清算交易网络及资产关联关系构建的网络分析法。

第六种方法是 Adrian 和 Brunnermerier（2016）利用市场交易数据提出的共同风险模型法，用来分析金融风险如何在金融机构间传染。

金融风险本身就蕴含在金融系统之中，一旦风险累积到一定程度便会导致金融系统陷入困境，甚至爆发危机，对宏观经济和社会财富造成严重危害。因此，对金融系统性风险进行有效防范成了各界关注的焦点。已有文献中比较常见的防范模型主要包括：Frankel 和 Rose（1996）构建的 FR 模型，可计算金融危机发生的概率；Kaminsky 和 Reinhart（1999）利用宏观经济变量构建先行指标，再基于某个提前设定好的阈值建立了用以判断风险的 KLR 信号分析模型；Berg 和 Pattillo（1999）提出了 DCSD 模型和货币危机预警模型，以实现提前两年的风险预警。近年来，金融机构之间的联系越来越紧密，Acemoglu 等（2013）创新性地建立了金融系统网络结构和风险传染引起系统性危机的分析框架，并提出如果负面冲击超过某个临界值，银行之间的联系便成为风险传导路径，并最终导致金融系统的脆弱性。Illing 和 Ying（2006）利用金融压力指数的极值表示金融危机的爆发。国内学者对金融风险的防范也做了大量系统性的研究。吕江林和赖娟（2011）在金融压力概念的基础上，构建了中国的金融风险预警指标体系。王春丽和胡玲（2014）针对货币市场、股票市场和外汇市场，基于马尔科夫区制转换模型构建了中国金融压力指数。何青等（2018）同时将金融机构的个体风险、风险联动和传染、信用风险纳入考虑范围，利用金融风险指数考察其对实体经济的作用效果及影响渠道。

伴随着互联网产业的蓬勃发展，信息化建设在深入完善基础设施的基础上，国家在信息资源共享和政府信息公开方面均做出重要规划。自从2015年习近平总书记在世界范围内首次正式提出"数字中国"概念（见表5-1）后，上市公司对高新科技的产业化应用的重要性逐步显现，国家对此的扶持力度不断加大，此阶段的政策内容以产业规划和指导意见为主，并形成了较为明确的产业发展方向和发展目标，我国也进入了金融企业数字化转型发展新阶段。

表5-1　　　　金融企业数字化转型政策支持发展脉络表

发展阶段	发布时间	文件/政策名称	核心描述
初始阶段	2012年7月	国务院关于印发"十二五"国家战略性新兴产业发展规划的通知（国发〔2012〕28号）	支持适应物联网、云计算和下一代网络架构的信息产品的研制和应用
	2014年3月	《2014年政府工作报告》	大数据首次写入中央政府工作报告
深化阶段	2015年12月	习近平总书记在第二届世界互联网大会开幕式上发表主旨演讲	中国将推进"数字中国"建设
	2016年12月	国务院关于印发"十三五"国家信息化规划的通知（国发〔2016〕73号）	加快信息化发展，构建统一开放的数字市场体系
	2018年3月	《2018年政府工作报告》	加快新旧发展动能接续转换，推动大数据、云计算、物联网广泛应用

随着金融企业数字化转型的快速进展，关于其在传统金融机构的应用、影响也成为学术界探讨的焦点。在对商业银行转型的研究中，一般认为金融企业数字化转型推动了不同资产规模和资金实力的商业银行的差异化发展和战略。以往学者基于商业银行传统业务结构变迁的视角研究发现，银行开展数字化业务对基于网点的线下业务具有一定的替代效应，金融企业数字化转型可以进一步减缓银行与借款人之间的信息不对称程度。此外，有学者研究发现金融企业数字化转型实质上推动了一种变相的利率市场化，改变了银行的负债端结构，银行资产端风险承担偏好上升。为了科学准确地刻画中国数字普惠金融的发展现状，郭峰等（2020）利用中国一家代表性数字金融机构数以亿计的微观数据编制了"北京大学数字普惠金融指数"，为相关领域的研究提供了工具性的基础数据。在对金融减贫的研究中，有学者发现通过将数字技术与金融业务有机结合，金融企业数字化转型能够以低成本的方式增加服务的可触达性和风险防控能力，使金融服务得以渗透至弱势群体，发挥减贫作用。丁杰等（2022）发现数字金融和传统金融均具有较强的减贫效应，且二者在减贫中存在异质性互补效应。

金融企业数字化转型逐渐成为对传统金融机构系统性风险的重要影响因素，金洪飞等（2020）认为金融企业的数字化转型显著降低了商业银行的风险水平，改善了其风险承受能力，但这种作用对中小银行来说较弱，而且大银行的数字化转型刺激了中小银行风险水平的上升。郭晔等（2022）同样在对商业银行与科技企业战略合作的数据的实证研究发现，银行布局金融科技战略能通过提高其自身创新能力与竞争力降低银行信贷风险、提高银行经营绩效。

以上有关金融企业数字化转型及其对金融风险影响方面的文献，为本章研究奠定了良好的基础，但由于金融企业数字化转型仍是一个较新的研究领域，现有文献大多研究金融企业数字化转型对商业银行系统性风险的影响，鲜有关于其对金融机构各部门系统性金融风险传染的影响程度的系统研究。那么在金融机构间存在风险溢出效应的情况下，金融企业数字化转型会对其产生影响吗？

金融体系的系统性溢出水平的控制效果取决于对制度的有效执行程度和对管理各环节的有效控制水平。数字化技术在金融机构、金融组织、金融市场中的运用，将有助于提高企业的金融管理水平，从而降低其风险溢出效应。以技术代替人力、大数据代替一般信息数据、智能系统代替传统的管理方式，可以减少人为、随机和不规范的操纵和干预，更加高效、全面、精准地判断风险溢出的可能性和传播渠道，从而得以迅速采取措施防范金融溢出风险或阻断传播路径。基于对金融企业数字化转型及其作用机制的分析，本章认为数字化技术的深入应用将对金融机构系统性风险溢出产生一定的影响。基于此，本章提出以下假设：

H：金融企业数字化转型将会抑制中国金融机构的系统性风险溢出效应。

5.3 研究设计

5.3.1 时变参数向量自回归模型

以往研究在构建金融机构在金融系统内的时变溢出效应时，通常选用 Diebold 和 Yilmaz（2009）的方法，基于金融资产收益信息或极端风险数据，使用向量自回归模型和预测误差方差分解方法，并利用滚动窗口方法估计风险的动态溢出效应。但为了避免滚动窗口方法导致的信息浪费，本章参考 Antonakakis 等（2020）的方法，在时变参数向量自回归模型（TVP-VAR 模型）中改进了 Diebold 和 Yilmaz（2009）的方法，基于 TVP-VAR 模型构建时变的溢出指数刻画风险溢出的动态特征。具体的方法展示如下：

首先构建一个如下的 p 阶 TVP-VAR 模型：

$$y_t = A_t z_{t-1} + \epsilon_t \epsilon_t | \Omega_{t-1} \sim N(0, \textstyle\sum_t) \tag{5-1}$$

$$vec(A_t) = vec(A_{t-1}) + \xi_t \xi_t | \Omega_{t-1} \sim N(0, \varXi_t) \tag{5-2}$$

其中，y_t、z_{t-1} 分别为 $N \times 1$ 维和 $N_p \times 1$ 维观察变量向量和滞后观察变量向量，A_t 和 ϵ_t 分别为 $N \times N_p$ 维和 $N \times N$ 维的时变系数矩阵和误差扰动向量。

接着，区别于 Diebold 和 Yilmaz（2009）对预测误差方差分解方法，参考 Antonakakis 等（2020）、Koop 等（1996）和 Pesaran 和 Shin（1998）的做法，估计模型参数。

最后，参考 Chatziantoniou 和 Gabauer（2021）的做法，对 Antonakakis 等（2020）计算的溢出指数、被溢出指数、净溢出指数、总溢出指数进行改进。改进之后四个变量的公式如下所示：

溢出指数（TO）：

$$C_{i \to j, t}(H) = \sum\nolimits_{j=1, i \neq j}^{m} \tilde{\phi}_{ji, t}(H) \times 100 \tag{5-3}$$

被溢出指数（$FROM$）：

$$C_{i \leftarrow j, t}(H) = \sum\nolimits_{j=1, i \neq j}^{m} \tilde{\phi}_{ji, t}(H) \times 100 \tag{5-4}$$

净溢出指数（NET）：

$$C_{i, t} = C_{i \to j, t}(H) - C_{i \leftarrow j, t}(H) \tag{5-5}$$

总溢出指数：

$$C_t(H) = \frac{\sum_{i, j=1, i \neq j}^{m} \tilde{\phi}_{ij, t}(H)}{m-1} \times 100 \tag{5-6}$$

5.3.2 金融跨部门系统性风险的溢出效应分析

为了对中国金融机构的系统性风险进行有效测度，并深入分析金融机构各部门之间的风险传染关系与发展趋势，本章选取了20家A股金融行业上市公司的月度收益率和市值数据，样本区间为2012年1月至2021年12月，剔除缺失值后剩余109个月份，总共2 180个月度数据，数据均来源于CSMAR数据库。

本章参考杨子晖等（2018）的做法，样本基于证监会2012年修订的《上市公司行业分类指引》中对上市公司所分类别，分别选用上市日期早于2012年1月1日的金融业及房地产业中样本期内平均市值前20名的上市公司作为样本。选取的上市公司总市值占金融业及房地产行业总市值的63.67%，较好地反映出中国金融机构的整体状况。样本包括金融业以及房地产业两大板块，具体涵盖了货币金融服务、资本市场服务、保险业以及房地产业4个部门，名单见表5-2。

表5-2 样本上市公司名单表

房地产业	货币金融服务	资本市场服务	保险业
万科A	工商银行	中信证券	中国人寿
华侨城A	农业银行	东方财富	中国平安
华夏幸福	中国银行	海通证券	中国太保
金地集团	招商银行	招商证券	天茂集团
新湖中宝	兴业银行	华泰证券	退市西水

5.3.3 金融企业数字化转型对金融机构系统性金融风险的影响分析

1）样本选择与数据来源

本章的研究对象为我国金融机构，与前文保持一致，延续样本界定为中国金融机构的银行、证券、保险、房地产4个部门的20家上市公司，上市公司以样本期内市值大小进行选取。本章选取2012年第一季度至2021年第四季度的数据进行分析，剔除缺失值后剩余38个季度，总共760个季度数据，数据主要源于CSMAR数据库。

2）变量选取与模型设计

（1）金融机构系统性风险溢出的度量指标。本章基于4个部门20家上市金融机构的月度收益率，运用前文中所述的被溢出指数（$FROM$）的度量方法计算出其被溢出指数的月度时序数据，后将月度数据用算术平均的方法转化为被溢出指数的季度时序数据 $FROM_{it}$，并以此来代表金融机构系统性风险溢出水平。

（2）金融企业数字化转型。本章选用CSMAR数据库中的上市公司数字化转型指标作为原始数据，并将其处理为解释变量。由于该数据库统计的是人工智能技术、云计算技术、区块链技术、大数据技术、数字技术应用在公司年报关键词出现的次数，本章将每期的细分指标加总后取其自然对数得到金融企业数字化转型 Dig_{it} 来度量金融企业数字化技术的应用与发展水平。该数据库的数字化原始词库见表5-3。

表5-3　　　　　　　　　　　原始词库描述表

指标分类	指标名称
人工智能技术	人工智能、商业智能、图像理解、投资决策辅助系统、智能数据分析、智能机器人、机器学习、深度学习、语义搜索、生物识别技术、人脸识别、语音识别、身份验证、自动驾驶、自然语言处理

指标分类	指标名称
区块链技术	数字货币、智能合约、分布式计算、去中心化、比特币、联盟链、差分隐私技术、共识机制
云计算技术	内存计算、云计算、流计算、图计算、物联网、多方安全计算、类脑计算、绿色计算、认知计算、融合架构、亿级并发、EB级存储、信息物理系统
大数据技术	大数据、数据挖掘、文本挖掘、数据可视化、异构数据、征信、增强现实、混合现实、虚拟现实
数字技术应用	移动互联网、工业互联网、移动互联、互联网医疗、电子商务、移动支付、第三方支付、NFC支付、B2B、B2C、C2B、C2C、O2O、网联、智能穿戴、智慧农业、智能交通、智能医疗、智能客服、智能家居、智能投顾、智能文旅、智能环保、智能电网、智能能源、智能营销、数字营销、无人零售、互联网金融、数字金融、Fintech、金融科技、量化金融、开放银行

（3）控制变量。本章参考了张天顶和张宇（2017）以及陆静和胡晓红（2014）的分析方法，根据我国国情进行了适当的修改，对可能影响我国金融机构系统性风险溢出的特征变量进行了控制，包括资产增速（$AssetG$）、总资产周转率（TAT）、销售利润率（ROS）等微观机构变量，和 GDP 增长率（GGR）、金融深化程度（FDD）等宏观变量。其中宏观控制变量是年度数据，所以将其转化为季度数据。

上述各变量定义见表5-4。

在上述分析和数据的基础上，本章构建了以下模型以检验假说：

$$FROM_{i,\,t} = \beta_0 + \beta_1 Dig_{i,\,t} + \theta Controls_{i,\,t} + \gamma_i + \varphi_t + \mu_{i,\,t} \qquad (5\text{-}7)$$

变量类型		变量符号	变量名称	变量定义
被解释变量		$FROM$	被溢出指数	单个金融机构受金融体系的系统性风险溢出的影响
解释变量		Dig	上市公司数字化转型指标	词库词汇在公司年报中出现的频次的自然对数
控制变量	微观变量	$AssetG$	资产增速	资产规模增速
		TAT	总资产周转率	销售收入/总资产
		Ros	销售利润率	总利润/净销售收入
	宏观变量	GGR	GDP增长率	$GDP/GDP_{(t-1)}$
		FDD	金融深化程度	$M2/GDP$

其中，β_1 衡量了金融企业数字化转型的程度对金融机构系统性风险溢出是否具有影响以及影响的方向。若估计参数 β_1 显著为正，说明金融企业数字化转型会促使金融机构系统性风险溢出效应增强，反之则会抑制其系统性风险溢出效应。此外，考虑到各金融机构的差异，为避免因缺失变量引起的参数估算偏差，本章在模型中加入了金融机构类型固定效应（γ_i），考虑到宏观经济形势影响，加入了年份固定效应（φ_t），$\mu_{i,t}$ 表示误差项。

5.4 实证结果与分析

5.4.1 金融跨部门系统性风险的溢出效应分析

本章对4个金融部门共20家金融机构建立了TVP-VAR模型，并在此基础上结合溢出指数、被溢出指数、净溢出指数以及总溢出指数，构建静态和动态两个视角下金融体系风险传染的溢出网络并进行理论分析，提出研究假设。同时，为了便于对风险传染的溢出网络进行分析研究，本章在计算出金融机构间系统性风险溢出矩阵的基础上进一步将20家上市金融机构按照4个部门分类后计算出跨部门系统性风险的溢出矩阵，本节以下内容均以跨部门系统性风险溢出矩阵代表金融机构的风险传染的宏观规律。

1）金融跨部门系统性风险的溢出效应的静态视角研究

表5-5展示了预测期为10天的4×4的跨金融部门极端风险溢出效应矩阵，矩阵中的元素均为通过TVP-VAR模型计算所得的时变溢出指数的均值。表中主对角线的元素刻画了来自各金融部门自身扰动的冲击，而非主对角线上的元素则度量了两两金融部门之间的有向风险溢出效应。其中，*TO*行度量的是溢出指数，即所在列的金融部门向其他各部门的风险溢出总和；*FROM*列代表的是被溢出指数，即其他各部门向所在行的金融部门的风险溢出总和；*TO*行和*FROM*列交汇处的元素展现了金融体系的风险溢出总水平，它由*TO*行或*FROM*列的全部元素加总后平均所得。其下的*NET*行元素度量的是上文中的净溢出指数，是各金融部门的溢出指数和被溢出指数的差值。

表5-5　　　　　跨部门风险传染效应的矩阵分析表

部门	房地产	银行	证券	保险	*FROM*
房地产	41.45	23.08	15.09	20.39	58.56
银行	15.48	51.78	14.39	18.35	48.22
证券	14.71	17.21	42.54	25.55	57.47
保险	13.24	18.24	20.87	47.65	52.35
TO	43.43	58.53	50.35	64.29	54.15
NET	−15.13	10.31	−7.12	11.94	54.15

具体分析表5-5的度量结果。从*FROM*指标来看，在2012年至2021年的样本区间内，房地产部门与证券部门的被溢出指数相近，分别以58.56%、57.47%位列风险溢入前两位，而保险部门和银行部门的被溢出指数较低，分别为52.35%和48.22%，这说明房地产部门与证券部门较其他金融部门更容易受遇到外来风险传染因素的影响。而从指标*TO*分析，溢出指数达到64.29%与58.53%的保险部门和银行部门位列风险溢出部门的前两位，证券部门和房地产部门则以50.35%、43.43%的风险溢出水平排在第三和第四，这与*FROM*指标的部门顺序大致相反，说明保险部门和银行部门更容易对其他金融部门产生极端风险的冲击，是金融系统性风险传染的主要来源。净溢出指数更加清晰地展现了这个规律，房地产部门与证券部门的*NET*指标-15.13%和-7.12%均为负值，而保险部门和银行部门的该指标为相近正值11.94%、10.31%，这代表了在金融体系中样本期内保险部门和银行部门为主要风险溢出者，而房地产部门与证券部门为主要风险接收方。

2）金融跨部门系统性风险的溢出效应的动态视角研究

（1）金融跨部门系统性风险总溢出指数的动态研究。在上述全样本静态跨部门风险传染效应分析的基础上，本章利用TVP-VAR模型来研究中国各个金融部门的动态风险溢出效应，图5-1显示了中国金融体系系统性风险总溢出指数。

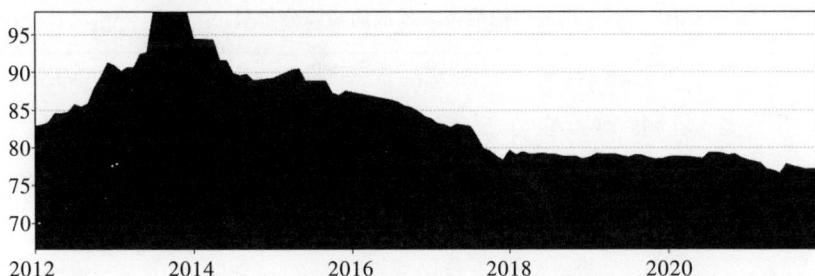

图5-1 中国金融体系系统性风险总溢出指数

图5-1的动态分析结果显示，自2012年至2014年，中国金融体系系统性风险总溢出指数逐年增长，跨部门风险溢出效应显著攀升。其中，在2013年系统性风险出现跳跃式增长，本章分析其快速攀升主要源于2013年6月"银行钱荒"，中国央行实施紧缩政策导致市场资金面紧张和信用风险上升，以及商业银行之间资金流动性不足、资金集中流向少数大型银行等多种因素综合作用下中国上海等一些大城市的银行出现流动性短缺和资金紧张现象，引发了系统性风险溢出的快速增长。2014年后中国金融体系系统性风险总溢出指数逐渐下降，直至2018年后稳定在78%左右。

（2）金融机构系统性风险净溢出指数的动态研究。图5-2中20个系统性风险净溢出指数图共分4列，从左至右分别代表房地产、银行、证券、保险4个部门，每个部门均有5家代表性上市公司。其中，房地产部门与证券部门的净溢出指数大多位于坐标轴下方，代表这两个部门的风险溢入倾向较为明显，且两个部门的绝大多数上市公司的净溢出指数的风险溢入倾向自2012年起逐步攀升至2014年左右达到峰值，之后普遍呈现出下降趋势。同时，银行部门更多呈现出系统性风险溢出倾向，且在2014年前后大幅增强。在各部门的系统性风险净溢出指数的动态综合分析中，可以发现净溢出指数的绝对值大多在2014年达到最大，呈现出先升后降的趋势，分析结果与总溢出指数大体相同。

在上文对金融机构系统性风险溢出效应的分析中可以发现，2014年是金融部门系统性风险溢出水平下降的关键节点，在表5-6中10年样本期以2014年年末为节点分割，分别进行静态视角下的金融体系系统性风险溢出效应分析，结果显示2014年后的总溢出指数为62.67%，小于2014年前的68.25%，佐证了2014年后金融部门系统性风险整体溢出效应显著降低的结论。对此现象背后的原因进行分析，本章认为金融机构对数字化技术的应用水平不断提高是使其风险溢出水平逐渐下降的原因之一。

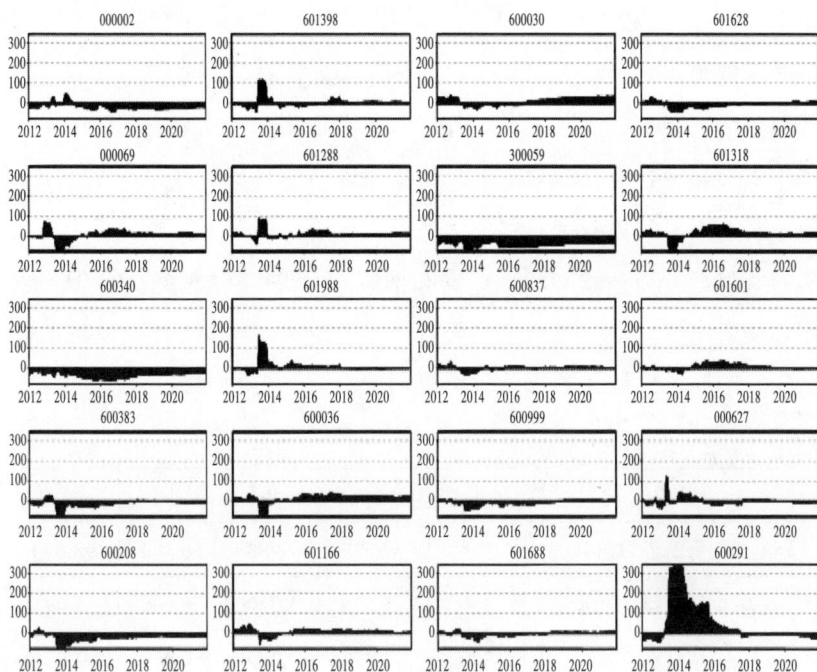

图 5-2　净溢出指数

表 5-6　　　　　　　　　系统性风险溢出效应

部门	2012—2014 年					2015—2021 年				
	房地产	银行	证券	保险	*FROM*	房地产	银行	证券	保险	*FROM*
房地产	35.01	25.52	20.40	19.07	64.99	37.57	32.60	15.72	14.11	62.43
银行	31.92	31.85	17.39	18.84	68.15	20.36	48.54	16.20	14.89	51.45
证券	28.92	20.28	30.00	20.79	69.99	23.82	32.1	30.00	14.08	70.00
保险	20.80	21.71	27.35	30.14	69.86	19.05	28.94	18.82	33.39	66.81
TO	81.64	67.51	65.14	58.70	68.25	63.23	93.64	50.74	43.08	62.67

5.4.2　金融企业数字化转型对金融机构系统性金融风险的影响分析

1）描述性统计

根据表 5-7 的描述性统计结果，样本中金融企业数字化转型均值为2.539，标准差为1.34，说明当前中国金融行业上市公司大部分均开展了数字化转型，不同企业之间存在明显差异。将金融企业数字化转型按年进行统计可以发现，各代表性上市金融企业数字化转型呈现逐年上升趋势，并且逐渐由单一使用某一金融科技发展为综合使用各项技术，这说明金融企业数字化转型实现了广泛普及，充分覆盖了机构的各方面业务。金融深化程度的均值为1.994，标准差为0.101，说明金融自由度在不同时期也存在着一定的差异。此外，本章其他的控制变量的描述性统计均与已有研究相近。

表5-7 描述性统计结果

变量	样本量	均值	标准差	最小值	最大值
金融部门系统性风险溢出	760	79.920	7.983	56.190	98.690
金融企业数字化转型	760	2.539	1.340	0.000	5.094
销售利润率	800	0.279	0.239	−0.469	1.021
资产增速	800	0.049	0.098	−0.180	0.588
总资产周转率	800	0.031	0.034	−0.003	0.247
GDP增长率	800	0.089	0.027	0.027	0.128
金融深化程度	800	1.994	0.101	1.809	2.158

2）基准回归

表5-8展示了模型的基准回归结果，所有结果均控制个体和年份固定效应。其中，列（1）为不加入控制变量的情况下，自变量与金融机构季度被溢出指数的回归结果，列（2）为全变量回归结果。结果显示，金融企业数字化转型的水平对金融机构季度被溢出指数存在显著影响。以列（2）为例，金融企业数字化转型水平每提高1%，将导致金融机构季度被溢出指数下降0.46%。上述结果表明，金融企业数字化技术的应用与发展程度的提高对抑制金融机构系统性风险溢出

确有助推作用，因此本章假设成立。控制变量方面，总资产周转率对被溢出指数显著为正，表明总资产周转速率越快将可能会面临更大的系统性被溢出风险，而宏观变量GDP增长率和金融深化程度对被溢出指数存在显著负向影响，且二者的估计系数值较大，说明我国经济飞速增长会有效降低金融机构系统性风险溢出水平。

表5-8   基准回归结果

被解释变量 解释变量	金融部门系统性风险溢出	
	（1）	（2）
Dig	−0.460** （−2.43）	−0.460** （−2.46）
Ros		0.061 （0.06）
AssetG		−2.408 （−1.44）
TAT		16.174** （2.04）
GGR		−31.244*** （−6.54）
FDD		−22.135*** （−10.53）
常数项	76.202*** （132.18）	118.365*** （26.81）
行业固定效应	已控制	已控制
年份固定效应	已控制	已控制
样本量	760	760
R^2	0.811	0.814

注：***、**、*分别表示在1%、5%、10%水平上显著；括号内为t值。

5.5 研究结论与启示

本章以 CSMAR 数据库 2012—2021 年 20 家上市金融机构为样本，实证研究了金融机构风险溢出网络以及金融企业数字化转型对金融机构系统性风险溢出的影响。结果发现，第一，静态视角下金融部门之间存在显著的跨部门风险传染效应，且保险部门和银行部门为主要风险溢出者，而房地产部门与证券部门为主要风险接收方；第二，动态视角下以 2014 年为分割点，2014 年以前金融跨部门风险溢出效应逐年增强，2014 年后金融跨部门风险溢出效应逐渐降低；第三，我国金融企业数字化转型将会抑制金融机构的系统性风险溢出效应。

基于上述研究结论，本章得出以下启示：第一，为降低风险溢出的负外部性以及金融体系潜在风险的维度，监管部门应加强对银行和保险部门金融机构的风险管理并制订相应管控方案，在发现风险溢出时及时预警并阻断溢出渠道。第二，政府部门应提供更多的政策导向支持金融机构对数字化技术的研发应用，以提高机构监测自身乃至市场风险的灵敏度和准确度，分别从源头和传播渠道等方面抑制系统性风险溢出效应。同时，监管部门需注意金融企业数字化转型的创新应用与监管方案平衡，以免出现对金融企业数字化转型过程中创新产品的法律法规的边界和内涵上的漏洞造成更严重的系统性风险溢出。

6

企业数字化转型风险与股票市场定价效率

本章基于文本分析方法，选取 2010—2023 年 A 股非金融行业上市公司为样本，检验企业数字化转型风险对股票市场定价效率的影响及作用机制。研究结果表明：企业数字化转型风险对股票市场定价效率具有显著的负面作用，且这一结论在经过稳健性检验后依然成立，这说明股票市场投资者以及股票市场会对企业对数字化转型风险做出反应，随着企业数字化转型风险的增加，股价同步性上升以及股票的流动性下降、意见分歧增加，即股票市场定价效率会受到企业数字化转型风险的影响。其中机制检验发现，机构投资者持股比例的增加可以缓解企业在遭受数字化转型风险时对股票定价效率的负面影响，并且相比于国有企业，非国有企业受到数字化转型风险的影响更显著。

6.1 引言

近年来，以人工智能、区块链、云计算、大数据为代表的新一代数字技术快速发展，已成为改造提升传统动能、培育新发展动能的重要手段。新兴的数字信息技术逐步向中国企业渗透，接近重塑了中国企业的基础架构，渗透到财务、人力资源、生产管理、市场营销等企业管理的几乎各方面，深刻地影响了企业的运营效率、合规性、盈利能力和发展前景。中国信息通信研究院办发布的《数字中国发展报告（2023 年）》显示，2023 年中国数字经济增加值占 GDP 比重为 42.8%，达到 53.9 万亿元，成为国民经济高质量发展的重要支撑。因此，企业运用数字技术进行业务创新与转型升级的能力已经成为管理层越来越关注和重视的核心议题，同时也已经成为中国资本市场投资者评判企业管理层能力、预测企业未来发展的重要标志。已有研究发现，企业数字化转型能够缓解企业内外部信息不对称（张永珅、李小波、邢铭强，2021），改善企业内部治理环境（易露霞等，2021），促进企业业绩的提升，显著提升资本市场的有效性。

企业的数字化不是简单的信息技术使用或者数据资源储备，数字化转型既是传统生产要素与新型数据要素的融合，也是人工智能、区块链、云计算等数字技术与实体产业的深度融合。因此数字化转型需要企业持续性的资金投入，用以购买软硬件设备以及聘用数字化高水平人才。具体到企业层面，数字化转型对企业的资金有较高的要求，是一项多阶段、见效慢的投资。与此同时，成功的数字化转型可以通过对现存技术、产品及业务的升级改造极大程度地提高企业的核心竞争力，更是微观经济主体高质量发展的必由之路（吴非等，2021）。

当前，数实融合赋能日益成为我国经济高质量发展的战略引擎。党的二十大报告强调要"加快发展数字经济，促进数字经济和实体经济深度融合"，确立了经济高质量发展过程中数实融合的核心目标地位。2023年2月中共中央、国务院印发的《数字中国建设整体布局规划》明确了实现数实融合的整体框架。企业作为经济运行的微观基础，是实现数实融合的关键主体，企业数字化转型是实现数实融合的重要着力点。但现实中我国企业数字化面临着诸多转型困境，大部分企业数字化水平有待提升，难以收获数字化转型成效（史宇鹏等，2021；孙伟增等，2023），究其原因是企业数字化进程中的风险要素阻碍了转型建设。

在企业遭受数字化转型风险时，除了企业的管理层，股东是最大的利益相关者。那么，企业的数字技术风险相关信息是否能够被外部投资者准确识别、解读并用于指导其投资交易呢？在一个有效的市场中，股票价格的波动映射了公司内外部与股票价值相关的特质性有用信息，而资本市场也正是通过股票价格的信号传递机制对资源进行了优化配置。因此，考察数字化转型风险信息的披露是否有助于为资本市场提供更多有价值的基本面信息，使得外部投资者有更多可以透视企业数字化转型进程的机会与可能，赋能投资者对企业数字化转型的成效和企业价值做出合理研判与理性决策，降低市场噪声交易对股价形成的干扰，进而降低个股价格与整体市场价格间的运行同步性，是一个待解决的重要课题。然而，当前鲜有文献对企业数字化转型风险与股票市场定价效率之间的关联给予足够的关注。

本章从资本市场定价效率的角度，以2011—2022年上市公司投资者互动平台问答文本作为研究样本，采用文本分析方法构建了企业数字化转型风险指标，研究了企业数字化转型风险相关信息的披露对股价同步性及股票流动性的影响。本章研究发现，数字化转型风险信息的披露提升了公司股价同步性，即当公司数字化转型风险信息披露水平越高时，公司股价同步性越高。调节效应表明：当上市公司被机构投资者持股比例较多时，信息披露质量较高；当监督效应更好时，更能够削弱数字化转型风险信息的披露对股价同步性的影响。异质性检验表明，企业数字化转型风险对非国有企业的股价同步性提升作用更显著，即国有企业定价效率受到数字化转型风险的影响不明显。进一步研究发现，数字化转型风险信息披露更多时，投资者的悲观情绪增加，股票流动性下降，同时市场投资者的意见分歧增加，股票定价效率下降。本章结论在经过一系列稳健性检验后依然成立。

本章的研究贡献体现如下：第一，拓展了企业数字化转型中风险信息披露的经济后果研究。本章从资本市场定价效率的角度出发，研究发现数字化转型风险信息的披露提升了公司的股价同步性，更好地识别了数字化转型风险信息的披露与资本市场定价效率的因果关系，是对现有企业数字化转型经济后果文献的补充与发展。第二，本章使用自然语言处理技术，利用非结构企业投资者互动平台问答文本数据，采用关键词"搜索—共现—配对"的方法测度了企业数字化转型风险水平，为后续研究提供了扎实的数据基础和理论框架。第三，为机构投资者对资本市场尤其是股票市场的积极作用提供了经验证据。本章基于股权结构的视角对数字化转型风险降低股票市场定价效率进行了机制分析。实证研究发现，股票市场中机构投资者的存在可以缓解信息不对称、提高市场定价效率，稳定股票市场的健康运行。本章旨在通过探讨数字化转型风险披露与股价同步性之间的关系，提醒利益相关方对风险披露重要性的认识，并建议企业提升公开信息披露的质量，鼓励其向市场参与者提供更为清晰、详尽的信息，以增强信息的透明度和可用性。同时，建议政府部门加大对上市公司风险披露的监管力度，不断完善相关法律法规体系，从而为资本市场的健康发展提供坚实的法律支撑与制度保障。

6.2 企业数字化转型风险的形成机制与测度

6.2.1 企业数字化转型风险的根源与形成机制分析

当前社会已经进入数字经济时代，数据要素和数字技术成为基础性战略资源。就企业层面而言，在数字化转型过程中一方面要实现传统生产要素与新型数据要素的融合，另一方面要推动人工智能、区块链、云计算等数字技术与实体产业的深度融合。因此，本章将企业数字化转型风险定义为：数字要素或数字技术的不确定性和脆弱性导致公司财务受损，或给公司各方利益相关群体带来不利影响的风险。数字化转型风险归根结底源于两个方面：一是数据要素风险，二是数字技术风险。一方面，进入数字经济时代，数据成为基础性战略资源，由于涉及多方主体和多场景使用，数据要素存在确权困难、减损贬值快、泄漏风险高等问题，因此数据要素风险是企业面临的数字化风险来源之一；另一方面，在数字经济浪潮下，企业数字技术使用的安全性、适配性、时效性和营利性决定了企业数字化转型是否成功，这也构成了企业数字化进程中的另一重要风险来源。

数据要素具有的独特性质给企业数字化进程带来了一系列挑战（江小涓，2024）。数据要素的独特性质主要体现在以下方面：一是多主体生产，由于数据生成过程的错综复杂，通常涉及多方主体的相互协作，数据中包含不同主体不同程度的投入和贡献，因此确权存在较大困难；二是多场景使用，由于数据在使用上缺乏竞争性和排他性，因此可以被不同主体重复利用，因此难以清晰明确各方权利；三是多敏感信息，尤其针对企业而言，大量数据承载着需要保护的商业机密，现实中即使匿名化和去标识化，数据也有可能被挖掘出来，因此数据容易泄露；四是减损贬值快，绝大部分数据的价值在于实时性，往往无法保值增值。综上可知，企业在数字化过程中难以保障数据要素在储存、流通、交易与确权环节的安全性。

企业的数字化转型是一项结合了顶层设计、明确发展目标和推进步骤的系统性工程，转型过程中往往需要大数据、云计算、人工智能等一系列技术支撑。近年来，企业对数字技术的依赖呈指数级增长，由此带来的风险问题值得进一步探究。本章研究认为，数字技术风险主要包含了数字技术的安全性、适配性、时效性和营利性问题。尽管当前企业对数字技术的安全系统进行了大量投资，但大多数公司仍然高度暴露于风险之中。不仅仅是成为被攻击的直接目标，许多公司还在其他公司的数字技术风险事件中受到间接影响或附带损害。适配性是企业转型决策时需要考虑的重要因素，如何选择合适的转型模式和路径决定了数字化的效率。因为数字技术投入具有不可逆的特征，所以一旦投入很难及时撤回，这意味着一旦数字技术的使用适配性较差，则这笔投资很难带来正收益，甚至会导致较大亏损，即产生营利性问题。时效性则取决于数字技术发展水平、转让速度等方面的变化，同行业竞争企业的数字化进程会影响企业转型是否成功，一旦竞争公司转型进程更快，则有可能取得垄断优势，形成并加剧数字鸿沟问题。

6.2.2　企业数字化转型风险测度指标构建

步骤1：文本数据选取。构建企业数字化转型风险指标需要大量的非结构化文本数据，为了选择非企业主观披露的公开信息，本章使用了"证券交易所上市公司投资者关系互动平台"的文本信息，基于客观信息披露的来源，以提升企业数字化转型风险测度的全面性和客观性。本章选择"深证互动易"和"上证e互动"两个上市公司与投资者的互动平台，"深证互动易"和"上证e互动"分别于2010年和2013年上线运行，是所有市场参与主体均可无偿使用的沟通平台和社交平台，投资者可以主动提问并从公司获得需要的解答和信息。因此，本章基于"深证互动易"和"上证e互动"挖掘企业数字化转型风险的相关信息，具有一定的可行性和科学性；并且相较于微博、微信等社交媒体平台出现的上市公司未公开信息、传播谣言等违规现象，企业通过"证券交易所上市公司投资者关系互动平台"答复投资者的内容是被监管部门严格监督的，如2023年3月6日TY通讯由于在互动平台炒作ChatGPT未能准确客观答复投资者而收到了证券交易所的关注函和监管函。

此外，除了上市公司每季度都会披露的财务报表，我国上市公司举行的业绩说明会恰好以文本信息为主，这给本章利用文本信息捕捉数字化转型风险要素提供了非常好的研究机会。与美国的分析师盈余电话会议性质相似，业绩说明会上的参会者实时互动的文本交流很可能会带来大量新的信息。与公司的年度报告相比，业绩说明会在内容的自发性和及时性方面具有明显的优势。由于业绩说明会的具体范围不受监管机构的强制规定，主要是由上市公司和投资者自主决定，而其内容完全是由投资者等提出的问题所驱动的，所以这些回答及其内含的语调本身都会向市场传递着具有一定信息含量的信息（谢德仁、林乐，2015；薛爽、肖泽忠、潘妙丽，2010）。同时，业绩说明会与年报相比更具有信息的及时性，由于管理层事先并不知道参与业绩说明会的投资者的问题，管理层需要当场针对提问者的具体问题进行回答，这就减少了事先准备好的样板语言的数量，从而提高了本章内容的信噪比。因此，本章通过对业绩说明会进行适当的分析和量化，可以及时捕捉关于公司数字化转型风险的有价值的信号。

步骤2：指标计算。参考Wu（2023）的做法，本章将"数字化转型风险"拆分成"数字化"及"风险"两个主题，将公司可能用来描述"数字化"及"风险"的所有相关词汇分别建立两个词典，再通过统计两组关键词同时出现的频率衡量数字化这种特定风险的讨论量，以此构建企业数字化转型风险的测度指标。已有大量学者建立了关于风险相关的词典，通常使用"风险"和"不确定性"的所有同义词组成，Loughran和McDonald（2011）、Hassan等（2019）建立的关于风险的词典在当前使用最为广泛，因此本章选取这两个词典进行融合，将英文词组进行翻译转化为中文版本，形成本章使用的风险词典（Risk Words）。

由于缺乏被广泛认可的数字化词典，本章参考Wu（2023）构建供应链词典的做法，使用词嵌入技术（Mikolov et al.2013）构建数字化词典。具体来说，本章采用word2vec算法，word2vec算法是一种可以将词语转化为相对低维的向量的深度学习算法，包含CBoW模型和

Skip-gram 模型两种形式。本章参考 Wu（2023）选择 CBoW 模型进行预测，并使用2012—2022年的企业季报、半年报、年报来训练模型，计算种子词和每个词之间的标准余弦相似度，如果余弦相似度高于0.3，则定义该词与种子词相似，进而得到数字化词典（Digitization Words）。本章使用数字化词典和风险词典，捕捉文本中"数字化"及"风险"被邻近使用的情况，即两组词在彼此的短距离（10个词语）内出现，则认为出现了数字化转型风险信息，进而计算两组关键词邻近使用的频率来衡量数字化转型风险水平，因此本章使用公式（6-1）构建企业数字化转型风险指标。

$$Dig\_Risk_k = \sum_{\substack{\forall i \in DigitizationWords \\ \forall j \in RiskWords}} \frac{F_{i,k} \times 1\left[\left|i - j\right| \leqslant 10\right]}{N_k} \tag{6-1}$$

6.3 文献综述与理论分析

资本市场效率的关键因素之一是信息的透明度和投资者的研究分析能力。市场上的信息共包含三个维度，即市场层面的信息、行业层面的信息和公司层面的信息，前两个层面的信息为投资者所知悉（黄俊、郭照蕊，2014；王木之、李丹，2019）。为了获得超额收益，投资者需要进一步搜集公司层面的信息以支持有效的交易。现今，随着企业大规模数字化技术的普及与应用，数字技术在企业生产经营活动中的运用情况已成为预测评估企业未来发展前景的一个重要测度，这使得数字技术信息等反映企业特质的信息得以被深度挖掘并传递。基于数字化信息的披露在资本市场运作中起到的重要作用，相关研究统计年报中出现有关数字化信息的词频作为数字化转型的代理指标（吴非等，2021；方明月、林佳妮、聂辉华，2022），深入研究了其经济后果。普遍观点认为，高质量的数字化信息披露能为投资者提供更多的特质消息，降低知情和不知情投资者的信息不对称程度，提升股票流动性（吴非等，2021），降低企业的股价同步性（沙飞云、徐晓东，2024），从而提高资本市场的有效性。

然而，以往研究大多侧重于数字化信息披露的数量评价，忽略了信息内容的特殊性，即数字化信息披露的风险属性。现今，企业数字化转型将数字技术深度应用于传统行业，全方位改变了传统的制造模式、商业模式和消费模式，使企业生产管理趋向智能化，企业营销管理趋向精准化，企业资源管理趋向高效化。然而，随着大规模数字化技术的普及，有关企业数字化转型的风险也在企业中不断显现出来。数字化转型作为新时代下的发展新导向，"实体经济+数字科技"已经成为企业在数字经济时代下的核心战略路径（李晓华，2016）。刘淑春等（2021）基于1 950家中国企业连续5年的追踪调查数据，发现企业数字化转型和效率之间不是简单地呈现明显的线性关系，而是呈现倒U形关系。徐梦周和吕铁（2020）发现，当上市企业的管理组织制度和能力与数字化转型的技术架构先进性存在一定匹配滞后时，数字化转型带来的收益就会被其衍生管理成本所抵减，所形成的绩效驱动效果就相对有限。数字化转型风险信息披露给出了公司未来在数字化转型过程中潜在的风险可能，具有一定的前瞻性意义；但与一般前瞻性披露不同的是，数字化转型风险信息披露虽然解释了公司在未来数字化转型中的不确定因素，却并不能提出完全有效的解决方法。数字化转型风险信息披露犹如金融市场中的一个"黑匣子"，既可以帮助市场参与者充分了解公司数字化转型过程中面临的风险状况，补充股价的增量信息，又可能引起本身传递的不确定信号，增加投资者分歧，降低特质信息融入股价的速度。因此，数字化转型风险信息披露既可能降低也可能增加投资者的风险感知，影响股价的特质信息含量，进而对股价同步性产生不确定性影响。

数字化转型风险信息是公司特质信息的重要组成部分，无论是企业定期披露的年报，还是不定期地回答投资者线上提问，投资者都可以从中获取关于企业数字化转型风险的信息。具体来说，企业数字化转型风险信息披露可能从两个方面影响股价同步性：

一方面，数字化转型风险信息披露本身是针对企业自身数字化转型过程进行的风险揭示，能够充分、准确地反映对公司战略和实现经营目标产生不利影响的风险因素，降低知情者和非知情者之间的信息不对称程度，向市场传递更多的公司特质信息，这可能使得股价同步性下降。对企业而言，有关数字化转型的信息披露是非强制性的，企业往往对公司数字化转型过程中的利好消息选择披露，而对未来可预测的数字化转型风险选择沉默寡言。Kim 和 Verrecchia（1994）研究指出，自愿性信息披露可以减少投资者之间的信息不对称。对于数字化转型风险披露质量较高的企业，投资者通过分析风险信息，可以对企业数字化转型进展和企业价值做出合理研判与理性决策，增加了对资本市场投资者决策有用的公共信息含量，降低了知情和不知情投资者之间的信息不对称程度。Barry 和 Brown（1985）指出，提高信息披露水平可以降低投资者对公司特有信息估计的偏差，提升特质信息融入股价的速度。因此，企业自愿的数字技术风险信息披露向市场传递了更多的特质信息，有利于降低股价同步性，提升资本市场定价效率。

另一方面，数字化转型风险信息披露也增加了信息的不确定性，即使拥有更多的特定风险信息，投资者也难以据此进行投资，且风险信息的披露容易诱发投资者的悲观情绪和市场恐惧，降低投资者的交易意愿，减缓了特质信息融入股价的速度。本章认为主要存在如下两个原因：（1）数字化转型风险信息披露本身具有动荡和危险的信号。企业数字化转型风险信息披露得越多，反映出企业在未来数字化转型过程中遇到的风险可能性越大，未来的不确定性越高。当企业对于数字化转型风险披露较多时，投资者风险感知和风险意识增强，不利消息进一步导致市场波动上升，悲观情绪和市场恐惧会诱导非理性投资者净买入量和交易意愿明显下降，进而降低股票的流通能力。与此同时，研究表明卖空限制会导致投资者的悲观预期无法及时反映到市场上，即减慢资产价格对悲观信息的调整速度，致使恐慌信息逐渐扩散且传递速度较慢，价格模式主要表现为"惯性"现象（Hong，Lim，and Stein，2000），股价同步性明显上升。（2）企业代理人在信息披露的过程中，如实披露企业在数字化转型进程中的风险具有较高的成本，可能会造成股价波动性上升、代理人声誉破坏、投资者信心下降，进而影响企业的资金筹集和数字化转型的推进。企业代理人基于自身利益最大化的追求，有动机采用多种途径对数字化转型风险进行策略式披露，披露较少或者可靠性较低的风险信息（Brown and Tucker，2011），导致数字化转型风险信息含量较少，信息处理成本较高。

对于个人投资者而言，其对信息理解和分析能力较差，当信息解读成本较高时，其认知能力只能允许其在一段时间内处理有限数量的信息。由于缺乏有效的信息渠道，知情交易者所占比例太低，加之企业策略性的数字化转型风险信息披露，个人投资者获得的信息可能是片面的。如果投资者获取公司信息的成本过高，将会产生逆向选择，不再去区分噪声与信息（史永、张龙平，2014）。在信息与噪声交错混合的证券市场，个人投资者对相同数字化转型风险信息的先验概率可能不同，导致后验概率也不同，因而投资者对企业数字化转型的成效意见分歧较大，所指示的交易方向差异也较大。因此，风险信息披露会阻碍投资者获取值信息的能力，减缓特质信息融入股票价格的速度，使股票价格偏离价值，而无法达到提高市场效率的预期效果。对于机构投资者而言，虽然他们有更广泛的信息收集渠道及信息解读能力，但数字化转型风险信息披露所揭示的不确定性，将阻碍其进场交易。Cohen 和 Lou（2012）发现即使在以机构投资者为主的美国股票市场，信息处理的复杂程度也会影响股价对信息的反应速度。股价优先反应的前提是信息被广泛获得并正确处理，由于年报中数字化转型风险披露的文字较为概括，无法判断企业进行数字化转型带来的真实效果。Veldkamp（2006）指出，当信息加工有一个高昂的固定成本时，理性的投资者会仅购买一套作为替代品的信息，导致仅仅一小部分昂贵的公司特质信息被并入股价的形成过程。

综上所述，提出如下对立假设：

H6-1a：企业数字化转型风险信息披露与股票同步性正相关。

H6-1b：企业数字化转型风险信息披露与股票同步性负相关。

我国证券市场个人投资者数量众多，2017 年末高达 1.3362 亿人，占总投资账户数量的 99.7%①。大部分个人投资者由于缺乏专业的金融知识和投资理念，无法准确有效地分析市场信息，因此其投资行为往往受到其他投资者的影响，进而引发羊群效应。为了确保投资者能准确及时获取公司相关的重要信息，有效缓解内部管理者和外部投资者之间的信息不对称问题，机构投资者的作用日益显现。机构投资者可以利用专业知识对上市公司的信息进行加工整理，评估公司发展潜力，不仅提高了会计信息与股票价格间的传导效率，并且缓解了资本市场的信息不对称问题，提高了资本市场运行效率。机构投资者通常具备资金优势和专业优势，不仅是资本市场中的重要参与者，更是提高信息有效性、缓解市场波动的重要主体，对于提高资本市场运行效率、稳定资本市场健康发展具有重要

---

① 数据来源于 wind 数据库。

意义（梁上坤，2018）。已有学者研究了机构投资者对公司治理（Chen，Harford，and Li，2007）、企业风险（张涤新、屈永哲，2018）、资本成本（林晚发，2016；代昀昊，2018）和信息披露（刘欢、李志生、孔东民，2020）等多种因素的影响。但已有研究较少关注机构投资者持股与企业数字化转型股票市场反应之间的关系，特别是在我国投资者保护机制不健全的背景下，机构投资者作为资本市场中完善公司治理、提高信息效率的重要主体，是否能缓解企业数字化转型风险对股票定价效率的负面影响，尚属一个值得探讨的问题。

近年来，我国金融市场机制和政策鼓励机构投资者的发展，各类机构投资者的规模迅速增大，机构投资者凭借着资金优势和专业优势逐渐成为资本市场中重要的参与主体。随着机构投资者的发展，诸多国内外学者针对机构投资者展开了研究（Chen，Harford，and Li，2007）。在关于中国机构投资者的研究中，大量学者的研究结果表明机构投资者会以"用手投票"的方式积极参与公司治理，实现有效的监督治理作用，改善公司治理并降低公司风险，以获得更高的收益，维护自己的利益。诸多学者认为机构投资者会监督约束上市公司管理层（姚颐、刘志远，2009）、对公司展开内外部行动以积极参与公司治理（李维安、李滨，2008）等方式改善公司治理水平，以及利用信息收集处理优势（杨海燕、韦德洪、孙健，2012）降低信息不对称程度，进而降低公司投资失败或经营亏损的可能性、提升公司业绩并降低公司风险（张涤新、屈永哲，2018）。相比于中小投资者的搭便车行为，机构投资者持股较多且具有资金优势，为了维护自身的利益，机构投资者往往更关注公司的长远发展，会积极参与公司的经营决策，对公司经营管理进行有效监督。具体而言，机构投资者会采用抑制上市公司关联方资金占用、参与公司治理内部机制和争夺控制权（李维安、李滨，2008）、利用手中的投票权参与公司融资行为（姚颐、刘志远，2009）等方式改善公司治理水平。因此，机构投资者在积极参与公司经营管理时，有效监督了公司管理、改善了公司治理水平、提高了公司的经营发展水平和稳定性、降低了公司的现金流风险和融资约束。所以当机构投资者持股越多时，企业的生产经营受到数字化转型风险的影响越小，经营不确定性和信息不对称问题越少。因此，当企业面临数字化转型风险时，机构投资者可以利用自身的资金优势和专业优势，积极参与并改善公司治理以及上市公司的信息环境，缓解信息不对称问题，降低风险带来的潜在后果。

综上所述，当机构投资者持股较多时，机构投资者存在公司治理效应和信息披露效应，会积极参与公司治理，有效监督公司的经营管理，改善信息不对称，降低公司现金流风险以及投资者面临的不确定性，进而缓解企业数字化转型风险带来的股票市场定价效率下降的问题。综上所述，提出如下研究假设：

H6-2：当机构投资者持股占比更高时，能显著缓解企业数字化转型风险对股价同步性的提升作用。

基于以上分析，本章试图以股票市场定价效率为切入点，考察企业数字化转型风险的经济后果，并进一步归纳出机构投资者调节效应的作用机制。本章将进行以下研究工作：第一，企业数字化转型风险是否会影响股票市场定价效率？第二，如果存在显著影响，股票市场中机构投资者持股将会如何影响两者间的关系？第三，进一步考察上述关系在不同产权性质下的差异。

6.4 研究设计

6.4.1 数据来源与样本筛选

本章选取 2010—2023 年中国上市公司为初始研究样本。借鉴已有研究，本章按照如下程序筛选样本：（1）鉴于金融行业与其他行业的报表结构差异较大，因此剔除了金融行业上市公司；（2）剔除 ST 公司；（3）剔除上市首年样本；（4）构建数字化转型风险时采用的是文本分析的方法，考虑到通信和软件相关行业企业的文本数据中包含大量的"数字化"相关信息，会对本章研究内容造成干扰，因此剔除掉通信和软件行业样本。此外，为了消除数据异常值的影响，对所有连续变量进行了前后 1% 的缩尾处理。经过上述筛选，本章最终样本包含 4 832 家上市公司、35 397 个年度非平衡面板样本数据。本章使用的数据来自国泰安数据库、WIND 数据库。

6.4.2 变量定义

（1）企业数字化转型风险（D_Risk）。本章参考 Wu（2023）测度供应链风险的做法，利用前沿的文本分析方法，对企业层面的数字化风险进行测度。首先，考虑到年报信息为企业主动披露，存在一定的主观性问题，企业有动机回避正在面临的数字化转型风险信息，同时业绩说明会的文本缺失较多，损失了大量样本，因此使用投资者互动平台文本作为基础使用数据。接着，针对"数字化风险"建立"数字化"及"风险"两个词典，其中风险词典（RiskWords）直接使用 Loughran 和 McDonald（2011）、Hassan 等（2019）的已有成果，数字化词典则基于word2vec算法进行建立。最后，基于业绩说明会和投资者互动平台的文本，计算文本中"数字化"与"风险"两组关键词邻近使用的频率，得到企业数字化转型风险水平。

（2）股价同步性。本章参考李晓和刘以琏（2024）、Durnev等（2003）的方法，运用如下模型（6-2）估计个股的年度R^2，其中为使R^2呈正态分布，进一步用等式（6-3）对之进行对数化处理，最后得到的指标SYNCH即为股价同步性变量。

$$r_{i,\ t} = \beta_0 + \beta_1 r_{m,\ t} + \beta_2 r_{I,\ t} + \varepsilon_{i,\ t} \tag{6-2}$$

$$SYNCH_{i,\ t} = Ln\left(\frac{R_{i,\ t}^2}{1 - R_{i,\ t}^2}\right) \tag{6-3}$$

在式（6-2）中，$r_{i,\ t}$是公司i在第t期的个股收益率，$r_{m,\ t}$是第t期市场收益率，$r_{i,\ t}$是公司i所在行业的行业收益率。在式（6-3）中，$R_{i,\ t}^2$是式（6-2）的拟合优度，衡量股价的同步性，$1-R_{i,\ t}^2$是股价的非同步性，并将其对数化处理，得到股价同步性指标SYNCH。SYNCH值越大，股价同步性就越高，股价信息含量越低。

（3）机构投资者持股。本章使用公司年末机构投资者持股占总股数比值度量机构投资者持股比例（Institution）。在本章的后续研究中，将把机构投资者按照年度-行业进行均值计算，并构建机构投资者持股哑变量。

（4）控制变量。根据以往文献的做法，本章还控制了以下因素：资产收益率（Roa），公司规模（Size），资产负债率（Lev），固定资产比率（ta），营业收入（sale），产权性质（state），长期借款（Long_loan），财务困境（Z）以及净利润哑变量（D_NetIncome）。其中，$Z=1.2X_1+1.4X_2+3.3X_3+0.6X_4+0.999X_5$。在该等式中，$X_1$表示营运资本/总资产；$X_2$表示留存收益/总资产；$X_3$表示息税前利润/总资产；$X_4$表示股东权益合计/负债总计；$X_5$表示营业收入/总资产。其中任何一个指标为空，则 Z 值为空。Z 评分法，以 2.67 和 1.81 作为临界值计算样本得分所处的范围，判断标准是：$Z>2.67$ 为财务状况良好，发生破产的可能性较小；$Z<1.81$ 为财务困境，潜伏着破产危机；$1.81<Z<2.67$ 为灰色地带，说明企业的财务状况极不稳定，发生财务困境的可能性很大。本章在模型中加入年度虚拟变量及行业虚拟变量，用以控制年度和行业固定效应，同时模型中也控制了公司固定效应。

变量的定义和计算方法见 6-1。

表 6-1   **变量定义**

变量类型	变量符号	变量名称	变量定义
被解释变量	*SYNCH*	股价同步性	具体计算如文中所述
解释变量	*D_Risk*	企业数字化转型风险（哑变量）	将企业数字化转型风险按照年度–行业均值构建哑变量
	Risk	企业数字化转型风险	基于本章分析方法计算的数字化风险词数+1取自然对数
	Institution	机构投资者持股	年末机构投资者持股比例
	D_Inst	机构投资者持股（哑变量）	将机构投资者持股按照年度–行业均值构建哑变量
控制变量	*Roa*	资产收益率	净利润/总资产
	Size	公司规模	总资产取自然对数
	Lev	资产负债率	总负债/总资产
	ta	固定资产比率	固定资产/总资产
	sale	营业收入	企业营业收入取自然对数
	state	产权性质	国有企业取1，否则取0
	Long_loan	长期借款	企业长期借款占总负债的比值
	Z	财务困境	具体计算如文中所述
	D_NetIncome	净利润哑变量	若企业当年净利润大于0取1，否则取0

6.4.3 模型设计

本章采用模型（6-4）对研究假设1进行检验，即探究企业数字化转型风险对股价同步性到底是提高作用还是降低作用。

$$SYNCH_{i,\,t+1} = \alpha_0 + \beta_1 D\_Risk_{i,\,t} + \sum_{j=2}^{n} \beta_j Control_{i,\,t} + \varepsilon_{i,\,t+1} \qquad (6\text{-}4)$$

式中，i 为企业，t 为年份。被解释变量 $SYNCH_{i,\,t+1}$ 为第 $t+1$ 年企业 i 的股价同步性。为了缓解模型内生性，本章将被解释变量设置为提前 1 期。$D\_Risk_{i,\,t}$ 为基于 t 年企业 i 的数字化转型风险水平构建的哑变量，若当年企业数字化转型风险水平高于该年该行业平均值取 1，否则取 0。此外，本章还控制了其他企业层面的特征变量。其他控制变量还包括资产收益率、公司规模、资产负债率、产权属性、企业财务情况、固定资产占比和企业成长性等指标。模型还同时控制了公司固定效应、行业固定效应和年份固定效应。在实证分析中，本章使用固定效应模型，并将标准误聚类到企业层面。模型回归结果中重点关注回归系数 β_1：若 β_1 的估计值显著为正，则说明企业数字化转型风险会增加企业的股价同步性，降低股票市场定价效率，即研究假设 6-1a 成立；若 β_1 的估计值显著为负，则说明企业数字化转型风险会降低企业的股价同步性，提升股票市场定价效率，即研究假设 6-1b 成立。

为检验机构投资者是否存在监督治理的效应，进而起到调节企业数字化转型风险与股价同步性的作用，本章构建了如下的模型（6-5），即在模型（6-4）中加入机构投资者持股哑变量以及机构投资者持股哑变量与企业数字化转型风险哑变量的交叉项。模型回归结果中重点关注回归系数 β_2，若 β_2 的估计值显著为负，则说明机构投资者持股可以有效监督治理公司、加强信息披露，降低股价同步性，提高股票市场定价效率，即研究假设 6-2 成立。

$$SYNCH_{i,\,t+1} = \alpha_0 + \beta_1 D\_Risk_{i,\,t} + \beta_2 D\_Inst_{i,\,t} \times D\_Risk_{i,\,t} + \beta_3 D\_Risk_{i,\,t} +$$

$$\sum_{j=2}^{n} \beta_j Control_{i,\,t} + \varepsilon_{i,\,t+1} \# \qquad\qquad (6\text{--}5)$$

6.5 实证分析

6.5.1 描述性统计

表6-2展示了描述性统计结果。从表6-2可知，公司企业数字化转型风险的均值为0.0003，最大值为0.0458，标准差为0.0011，中位数和最小值均为0，当前企业面临的数字化转型风险存在一定的差异。股价同步性指标对均值为0.4152，标准差为0.1887，最大值为0.817，与已有文献对描述性统计结果一致。机构投资者持股均值为41.594%，财务困境的均值是4.9706，分布在-0.9621到36.5803之间，说明不同企业间财务情况差异较大，净利润哑变量的均值为0.8501，超过85%的企业净利润为正。对于是否为国有企业的虚拟变量，其均值为0.3106，表明样本中非国有企业样本占比更多，近70%的样本为非国有企业。

表6-2 描述性统计

变量	样本数	平均值	中位数	标准差	最小值	最大值
SYNCH	35 397	0.4152	0.4144	0.1887	0.0343	0.8170
Risk	35 397	0.0003	0	0.0011	0	0.0458
Roa	35 396	0.0287	0.0338	0.0755	-0.3509	0.2008
Size	35 397	22.1824	21.9953	1.2789	19.6900	26.2090
Lev	35 396	0.4244	0.4126	0.2115	0.0546	0.9533
ta	35 083	0.9282	0.9575	0.0880	0.1391	1.0489
sale	35 390	21.4512	21.3179	1.4636	18.2024	25.6399
state	35 057	0.3106	0	0.4627	0	1

变量	样本数	平均值	中位数	标准差	最小值	最大值
Institution	35 343	41.5940	42.3025	24.4991	0	100
Long_loan	35 396	0.1206	0.0062	0.2640	0	1.6099
Z	35 276	4.9706	3.1265	5.8266	−0.9621	36.5803
D_NetIncome	35 397	0.8501	1	0.3570	0	1

6.5.2 企业数字化转型风险对股价同步性影响分析

首先，本章通过模型（6-4）考察了企业数字化转型风险对股价同步性的影响，表6-3第（1）~（3）列展示了模型（6-4）中包含不同控制变量时的回归结果。当模型中仅有企业数字化转型风险时，其估计系数为0.0060，并在1%水平上通过显著性检验。在模型中逐渐加入公司层面特征变量及行业年份哑变量时，企业数字化转型风险的估计系数分别为0.0075、0.0066，并均在1%水平上通过显著性检验，由此可知企业数字化转型风险提升了股价同步性，与本章此前的理论假设一致。因此，当企业面临更高的数字化转型风险时，未来的不确定性越高，投资者风险感知和风险意识增强，负面消息导致市场波动上升，悲观情绪和市场恐惧会导致市场交易意愿明显下降，进而降低股票定价效率。

表6-3　　　　　　　　基准回归结果

被解释变量 解释变量	（1）	（2）	（3）
	SYNCH	*SYNCH*	*SYNCH*
D_Risk	0.0060**	0.0075***	0.0066***
	(2.21)	(2.76)	(2.69)
Roa		0.0528**	−0.0341
		(2.07)	(−1.47)

被解释变量 解释变量	（1） SYNCH	（2） SYNCH	（3） SYNCH
Size		−0.0117***	0.0336***
		（−3.01）	（8.49）
Lev		−0.0770***	−0.0780***
		（−5.89）	（−6.57）
ta		−0.0277	0.0642***
		（−1.46）	（3.66）
sale		0.0039	0.0066**
		（1.11）	（2.07）
state		−0.0085	0.0147**
		（−1.26）	（2.40）
Institution		−0.0004***	−0.0013***
		（−3.43）	（−6.22）
Long_loan		0.0059	−0.0101
		（0.75）	（−1.42）
Z		0.0015***	0.0005
		（4.46）	（1.64）
D_NetIncome		0.0322***	0.0207***
		（6.64）	（4.73）
常数项	0.4062***	0.6213***	−0.3084***
	（333.19）	（11.06）	（−4.38）
行业固定效应	未控制	未控制	已控制
年份固定效应	未控制	未控制	已控制
样本量	28 265	27 654	27 654
R^2	0.00	0.02	0.21

注：***、**和*分别表示在1%、5%和10%水平上显著；括号内为t值。

为进一步验证文本结论的稳健性，本章分别从以下方面进行稳健性检验：一是更换企业数字化转型风险的度量方法。本章将使用企业数字化转型风险的连续变量进行模型（6-1）的回归。二是更换被解释变量的测度，前文使用的股价同步性是基于分市场等权平均法计算得到，稳健性检验时本章将使用综合市场等权平均法进行计算。回归结果见表6-4，企业数字化转型风险连续变量的回归系数为3.2426，在10%水平上通过了显著性检验；表6-4第（2）列表明，替换被解释变量时企业数字化转型指标的系数为0.0062，在5%水平上通过显著性检验。因此，稳健性检验结果与此前结果一致，均验证了本章的研究假设。

表6-4 稳健性检验

被解释变量 / 解释变量	（1）SYNCH	（2）SYNCH_2
Risk	3.2426*	
	(1.81)	
D_Risk		0.0062**
		(2.53)
Roa	−0.0292	−0.0359
	(−1.26)	(−1.56)
Size	0.0390***	0.0374***
	(9.75)	(9.40)
Lev	−0.0933***	−0.0892***
	(−7.84)	(−7.54)
ta	0.0755***	0.0686***
	(4.28)	(3.91)

被解释变量 解释变量	(1) SYNCH	(2) SYNCH_2
sale	0.0040	0.0061*
	(1.25)	(1.90)
state	0.0207***	0.0194***
	(3.37)	(3.18)
Institution	−0.0011***	−0.0011***
	(−9.77)	(−9.62)
Long_loan	−0.0088	−0.0083
	(−1.24)	(−1.17)
Z	0.0003	0.0004
	(0.99)	(1.20)
D_NetIncome	0.0222***	0.0213***
	(5.05)	(4.86)
常数项	−0.3374***	0.6213***
	(−4.77)	(11.06)
行业固定效应	已控制	已控制
年份固定效应	已控制	已控制
样本量	27 654	27 654
R^2	0.21	0.02

注：***、**和*分别表示在1%、5%和10%水平上显著；括号内为t值。

6.5.3 机构投资者持股的调节效应分析

为了考察机构投资者是否存在调节效应，本章对模型（6-5）进行了回归分析，系数的估计结果见表6-5。由表6-5第（1）列可知，企业数字化转型风险的回归系数为0.0121，机构投资者持股哑变量的回归系数为-0.0180，均在1%水平上通过显著性检验，这说明机构投资者持股比例越高，股价同步性越低。机构投资者持股哑变量与企业数字化转型风险交叉项的系数为-0.0101，在5%水平上通过了显著性检验。这表明，随着机构投资者持股比例的增加，企业数字化转型风险对股价同步性的提升作用减弱。以上可以说明，机构投资者会通过积极参与上市公司的经营决策，起到对公司管理的监督作用，提高公司治理水平，同时机构投资者可以利用自身的专业、资金等优势，加强公司信息披露，提高会计信息质量，并提高公司信息在市场上的传递效率，降低投资者与企业之间的信息不对称程度，改善投资者面临的信息环境，降低投资者面临的风险，进而缓解股票定价效率的下降。因此，机构投资者存在正向调节效应，这一结果支持了本章的研究假设6-2。

表6-5　　　　　　　　　　调节效应分析及异质性分析

解释变量 ＼ 被解释变量	机构投资者调节效应	国有样本	非国有样本
	（1）	（2）	（3）
	$SYNCH$	$SYNCH$	$SYNCH$
D_Risk	0.0121^{***}	0.0050	0.0068^{**}
	(3.56)	(1.05)	(2.34)
D_Risk*D_Ins	-0.0101^{**}		
	(-2.11)		
D_Ins	-0.0180^{***}		
	(-4.52)		
Roa	-0.0383^{*}	-0.0303	-0.0356
	(-1.65)	(-0.59)	(-1.33)

被解释变量 解释变量	机构投资者调节效应	国有样本	非国有样本
	（1）	（2）	（3）
	SYNCH	SYNCH	SYNCH
Size	0.0352***	0.0439***	0.0335***
	(8.86)	(5.51)	(6.96)
Lev	−0.0912***	−0.1036***	−0.0714***
	(−7.68)	(−4.10)	(−5.04)
ta	0.0742***	0.1512***	0.0567***
	(4.21)	(3.10)	(2.87)
sale	0.0044	−0.0045	0.0102***
	(1.36)	(−0.72)	(2.61)
state	0.0183***	0.0000	0.0000
	(2.99)	(.)	(.)
Institution		−0.0006**	−0.0013***
		(−2.51)	(−10.09)
Long_loan	−0.0087	−0.0043	−0.0111
	(−1.23)	(−0.41)	(−1.11)
Z	0.0001	0.0005	0.0003
	(0.36)	(0.71)	(0.71)
D_NetIncome	0.0224***	0.0203***	0.0215***
	(5.08)	(2.63)	(3.95)
常数项	−0.2999***	−0.2836*	−0.3508***
	(−4.24)	(−1.95)	(−4.13)
行业固定效应	已控制	已控制	已控制
年份固定效应	已控制	已控制	已控制
样本量	27 701	8 388	19 266
R^2	0.21	0.19	0.23

注：***、**和*分别表示在1%、5%和10%水平上显著；括号内为t值。

6.5.4 异质性分析

考虑到在中国特色的资本市场中,上市公司具有不同的产权性质,即分为国有公司与非国有公司两类,而产权性质不同给公司特征带来了诸多差异。已有大量学者针对产权异质性对公司治理、信息披露等方面的影响展开了讨论。早期的一些研究认为,国有公司中的"内部人控制"会导致高管的行为偏离公司价值最大化,在国有公司中存在着更为严重的代理问题(张维迎,1996)。在当前数字经济的建设进程中,国有企业肩负起了更多的经济责任、政治责任以及社会责任。现实证据表明,与多数非国有企业不同,国有企业在进行数字化转型时面临的投入成本更多。近年来,国有企业在世界级数字基础设施构筑、智能交换芯片领域、高水平工业互联网平台建设以及引领性新模式新业态培育方面充分发挥出国有经济的战略支撑作用(戚聿东、杜博、温馨,2021)。易露霞等(2021)通过研究企业数字化转型对主业业绩的影响发现,数字化转型在国有企业中有着更好的业绩提升作用。综上分析,当国有公司和非国有公司面临数字化转型风险时,信息环境的恶化在非国有公司中可能更为明显。因此本章推测,企业数字化转型风险对股价同步性的提升作用在非国有公司更为显著。为验证这一推测,本章将考察国有/非国有产权性质给企业数字化转型风险与股票定价效率关系带来的影响,以在中国资本市场背景下提供更丰富更完整的经验证据。

本章将样本按照产权性质分为国有样本和非国有样本,对模型(6-1)进行回归分析,系数的估计结果见表6-5。由表6-5中第(2)列可知,国有企业样本中企业数字化转型风险的回归系数为0.0050,未通过显著性检验;由表6-5中第(3)列可知,非国有企业样本中企业数字化转型风险的回归系数为0.0068,在5%水平上通过显著性检验。这说明企业数字化转型风险对股价同步性的提升作用在非国有企业中更显著，这一结果支持了本章的推论。

6.6　企业数字化转型风险与其他股票市场反馈

股票流动性是指在不影响市场价格的情况下，股票能够以多快的速度买卖并转化为现金，其是反映金融市场效率的重要指标。信息不对称是影响股票流动性的重要因素，主要表现为知情投资者相对于非知情投资者掌握着更多的公司私有信息。而企业通过年报、业绩说明会以及投资者互动平台披露的风险信息则主要是对已知风险因素和事项的进一步说明和解释，满足了投资者的信息需求，有助于缓解信息不对称。已有研究大多基于信息披露数量、信息披露质量、年报语调等因素，分析了风险披露对股票流动性的影响。股票流动性作为股票市场运行的核心要素之一，能够映射出上市企业的经营前景及其市场活力。因此，作为资本市场的生命线，企业数字化转型这种创新变革理应在资本市场的股票流动性中体现出来，这也使得数字风险感知等反映企业特质的信息得以被深度挖掘并传递。基于数字化信息的披露在资本市场运作中起到的重要作用，已有研究主要统计年报中出现有关数字化信息的词频作为数字化转型的代理指标，进而研究数字化转型对股票流动性的影响（董琪、董莉，2023；光勇等，2022）。目前，较为普遍的观点认为，企业数字化转型可以有效降低信息不对称程度，鼓励更多投资者参与交易，从而提高公司股票流动性；而数字化转型风险披露可能会因传递了不确定性信号而引发市场恐慌情绪，导致公司无法获得投资者充分信任。因此，数字化转型风险信息的披露既可能降低也可能增加投资者的风险感知，进而对股票流动性产生不同的影响。

当前数字化转型作为新时代下的发展新导向，多数上市企业都选择了进行数字化转型，但上市企业数字化转型带来的收益被其衍生管理成本所抵减，所形成的绩效驱动效果相对有限，特别是这种变革具有典型的长期性与不确定性，使得企业数字化转型的隐性成本高昂（徐梦周、吕铁，2020）。企业数字化转型风险信息的披露越多，反映了企业在未来的不确定性越高。当数字化转型风险升高时，未来可能因为数字要素或数字技术的不确定性而给企业造成财务损失，或给企业各方利益相关群体带来不利影响，由此导致企业经营不确定性增加、融资成本上升。数字化转型风险信息披露较多，意味着公司基础风险较大、未来的不确定性较高。而此时投资者风险感知和风险意识随之增强，不利消息进一步导致市场波动上升，悲观情绪和市场恐惧诱导更多的卖单，非理性投资者净买入量和交易意愿明显下降。面对不确定的数字化转型风险信息，投资者可能选择"用脚投票"，减少数字化风险信息披露水平较高公司的交易，进而稀释了股票的流通能力。与此同时，数字化转型风险信息的披露会使投资者分歧增加，股票定价效率进一步下降。

　　综上所述，提出如下研究假设：

　　H6-3：企业数字化转型风险信息披露与股票流动性负相关，与投资者意见分歧正相关。

　　为检验企业数字化转型风险信息披露与股票流动性以及意见分歧的关系，本章参考已有文献的做法，选择 *Roll* 指标和 *PS* 指标作为股票流动性的测度指标，构建了模型（6-6）、（6-7），并选择日均换手率流通股数作为投资者意见分歧的代理变量，构建模型（6-8）。其中 *Roll* 指标为股票交易价差，数值越大则说明股票流动性越差；*PS* 指标为股票的收益反转程度，数值越大则说明股票流动性越差。日均换手率流通股数越多，则投资者关于该股票的意见分歧越大。模型

（6-6）～（6-8）的回归结果均重点关注回归系数β_1，若在模型（6-6）、（6-7）中β_2的估计值显著为正，则说明企业数字化转型风险信息披露会提高股票市场定价效率，即研究假设6-3成立。

$$Roll_{i,t} = \alpha_0 + \beta_1 D\_Risk_{i,t} + \sum_{j=2}^{n} \beta_j Control_{i,t} + \varepsilon_{i,t} \qquad (6\text{-}6)$$

$$PS_{i,t} = \alpha_0 + \beta_1 D\_Risk_{i,t} + \sum_{j=2}^{n} \beta_j Control_{i,t} + \varepsilon_{i,t} \qquad (6\text{-}7)$$

$$Turnover_{i,t} = \alpha_0 + \beta_1 D\_Risk_{i,t} + \sum_{j=2}^{n} \beta_j Control_{i,t} + \varepsilon_{i,t} \qquad (6\text{-}8)$$

前文研究表明，企业数字化转型风险会提升股价同步性，降低股票市场定价效率。本章接下来对模型（6-6）～（6-8）进行回归分析，系数的估计结果见表6-6。由表6-6中第（1）～（2）列可知，企业数字化转型风险的回归系数分别为0.0005、0.0188，且分别在1%和5%水平上显著，这说明企业数字化转型风险越高，股票交易价差越大，收益反转程度越大，股票流动性越差。由表6-6中第（3）列可知，企业数字化转型风险的回归系数分别为0.1307，且在1%水平上显著，这说明企业数字化转型风险越高，投资者关于股票交易的意见分歧越大，这一结果支持了本章的研究假设6-3。由此可见，企业数字化转型风险会降低股票流动性，提升投资者的意见分歧。

表6-6　　企业数字化转型风险与股票流动性及意见分歧

被解释变量　　　　解释变量	股票流动性		意见分歧
	（1）	（2）	（3）
	Roll	*PS*	*Turnover*
D_Risk	0.0005***	0.0188**	0.1307***
	(3.55)	(2.14)	(5.23)
Roa	0.0103***	0.2173***	2.3252***
	(7.51)	(2.71)	(10.22)

被解释变量 \ 解释变量	股票流动性		意见分歧
	（1）	（2）	（3）
	Roll	*PS*	*Turnover*
Size	−0.0013***	0.0742***	−0.3782***
	（−5.80）	（5.53）	（−9.92）
Lev	0.0128***	−0.0727*	−0.2989***
	（18.39）	（−1.79）	（−2.59）
ta	−0.0033***	−0.0130	1.6468***
	（−3.12）	（−0.21）	（9.35）
sale	0.0001	0.0424***	−0.0366
	（0.61）	（3.94）	（−1.20）
state	−0.0009**	−0.0531**	−0.2284***
	（−2.53）	（−2.50）	（−3.77）
Institution	0.0000**	−0.0005	−0.0112***
	（2.07）	（−1.27）	（−10.13）
Long_loan	−0.0010**	0.0054	0.1892***
	（−2.48）	（0.23）	（2.82）
Z	0.0004***	0.0078***	−0.0009
	（23.65）	（7.06）	（−0.27）
D_NetIncome	−0.0018***	−0.0356**	−0.1907***
	（−6.92）	（−2.38）	（−4.49）
常数项	0.0797***	−2.6833***	12.1764***
	（19.32）	（−11.17）	（17.83）
行业固定效应	已控制	已控制	已控制
年份固定效应	已控制	已控制	已控制
样本量	35 074	35 063	35 075
R^2	0.37	0.09	0.14

注：***、**和*分别表示在1%、5%和10%水平上显著；括号内为t值。

6.7 结论与政策建议

本章以2010—2018年中国沪深上市公司为样本，以股票定价效率为研究视角，深入考察了企业数字化转型风险对股价同步性的影响及作用渠道。本章的研究结果表明：第一，企业数字化转型风险对于股价同步性有显著的提升作用，即企业数字化转型风险越高，股票定价效率越低；第二，机构投资者持股可以改善公司治理水平，提高会计信息质量和信息披露质量，降低投资者面临的风险水平，进而缓解数字化转型风险导致的股票定价效率下降问题；第三，在区分产权性质异质性时，数字化转型风险对股价同步性的提升作用在非国有企业中更显著；第四，在拓展分析中发现，企业数字化转型风险还会降低股票的流动性、增加投资者意见分歧，进一步降低股票定价效率。

本章研究的建议如下：（1）完善企业财务报告制度，细化和规范披露内容和格式，建立有效的信息披露系统，提高财务报告信息的可靠性和相关性；（2）加强风险披露力度，实施强制性与标准化的风险披露机制，对负面信息和风险警示内容进行严格细致的规范和指引，提高上市公司年报中风险信息的特质信息含量；（3）健全信息披露的相关法规。从法律层面明确文本信息披露主体的责任，加大违规披露的惩罚力度，完善对年报信息披露的投诉和事后追责机制。

企业数字化转型的债券市场溢出效应

本章基于文本分析方法，选取 2007—2021 年间发行公司债的上市公司为研究样本，检验企业数字化转型对信用评级的影响及作用机制。研究结果表明：企业数字化转型对信用评级具有显著的提升作用，且这一结论在经过稳健性检验和内生性检验后依然成立，这说明评级机构会关注企业的数字化转型程度，资本市场对于企业的数字化转型给出了正向反馈。机制检验结果表明，企业数字化转型存在生产规模效应及信息披露效应，企业在数字化过程中增强了还款能力、缓解了信息不对称，进而提升了信用评级。进一步研究发现，企业的财务风险和审计质量具有调节效应，强化了数字化转型和信用评级间的正向关系，此外数字化转型对信用评级的提升作用在高科技企业和国有企业中更显著。

7.1 引言

推动企业数字化转型需要充分发挥资本市场功能。加快推进数字经济建设和促进资本市场健康发展是当前中国经济发展的两大战略要务，而企业数字化转型则成为连接两者最关键的纽带。而在"11 超日债"违约前其发行主体评级为 AA 级，说明评级机构未能起到预测和警示作用。随后我国相继出现多起企业债券违约事件，评级机构受到强烈质疑，这不仅影响了资本市场的健康发展，更增加了经济发展的不稳定因素。多部门出台办法促进信用评级行业健康发展，以使其更好地服务于资本市场。同时，企业信用评级是企业融资和发展的重要参考依据，对于降低融资成本、拓宽融资渠道、提高企业竞争力等方面都具有重要作用。因此剖析企业数字化转型资本市场反馈的内在机制，是发挥资本市场功能、推动企业数字化转型亟须解决的重要问题。综上，本章基于资本市场反馈视角分析企业数字化转型对信用评级的影响效应，对于促进数字经济高速发展和资本市场稳健运行具有重要意义。

当前相关文献从宏观经济后果和企业经济效益层面对企业数字化转型的必要性和重要性展开了论证。从生产经营方面，企业数字化转型能够提升全要素生产率（赵宸宇、王文春、李雪松，2021；张虎、邹媛媛、高子桓，2024；曹爱军、刘欣，2024）、出口量（易靖韬、王悦昊，2021）、实业投资（周永斌、和军、牛娟娟，2024）等方面。从资本市场表现方面，现有研究考察了企业数字化转型对股票流动性（吴非等，2021）、债务融资（陈中飞、江康奇、殷明美，2022；王守海、徐晓彤、刘烨炜，2022；刘梦莎、邵淇、阮青松，2023）等方面的影响。已有研究较少考察企业数字化转型对信用评级的影响，特别是在我国债券市场投资者保护机制不健全的背景下，评级机构作为资本市场中提高信息效率的重要主体，是否将企业的数字化转型程度纳入到信用评级的影响因素中，尚属一个值得深入探讨的问题。

本章以2007—2021年间发行公司债的上市公司为研究样本，利用文本分析方法衡量企业的数字化转型程度，考察了企业数字化转型对信用评级的影响以及作用机制。本章研究表明：企业数字化转型对信用评级具有显著的提升作用，数字化转型程度越高，其信用评级越高。机制检验发现，企业数字化转型一方面通过扩大生产规模，改善了公司生产经营，增强了还款能力；另一方面通过提高公司信息披露质量，降低了信息不对称程度，因此提升了信用评级。进一步的调节效应研究发现，财务风险和审计质量的提高，增强了企业数字化转型对信用评级的提升作用。最后在区分企业的行业属性和产权性质时发现，企业数字化转型对信用评级的提升作用在高科技企业和国有企业中更强。

本章可能的贡献如下：其一，完善了企业数字化转型资本市场反馈的研究框架。已有关于企业数字化转型资本市场反馈的文献大多围绕着股票市场展开，较少文献从债券市场的评级机构视角入手。本章立足于信用评级，丰富和发展了企业数字化转型的文献，在一定程度上拓展了企业数字化转型相关文献的研究边界，具有重要的理论价值。其二，厘清了企业数字化转型提升信用评级的作用机制，完善了企业数字化转型经济后果的逻辑链条。本章结合企业数字化转型的实际情况和已有研究，提出了生产规模效应和信息披露效应两个作用渠道，建立了信用评级与企业数字化转型的有机联系，为健全评级机构发展、引导投资者理性投资提供了理论依据。其三，为资本市场促进企业数字化转型、推动发展新质生产力提供了经验证据。本章发现了企业数字化转型对信用评级的提升作用，为如何推进数实融合这一热点问题提供了新的研究视角，并为政策制定者推动企业数字化转型提供了实践指导，符合当前政策制定者和资本市场的现实需要。

7.2 理论分析与研究假设

7.2.1 企业数字化转型与信用评级

随着数字经济在世界经济中的重要性日益凸显，企业数字化转型成为国内外关注的焦点问题，而企业数字化转型的价值创造能否满足企业可持续发展的需求构成了企业数字化转型决策的关键，因此诸多文献关注了企业数字化转型带来的经济效益。其中部分学者基于企业发展的视角，发现数字化转型可以打破企业的传统边界、显著改善生产经营（赵宸宇、王文春、李雪松，2021；黄勃等，2023），提高企业经营效率和盈利能力（Mikalef and Pateli，2017；陶锋等，2023）、提升企业核心能力（胡媛媛、陈守明、仇方君，2021；Benner and

Waldfogel，2023；Babina et al.，2024）。还有部分学者研究了企业数字化转型的资本市场表现，已有研究发现企业数字化转型显著提升了企业股票流动性和市场价值（吴非等，2021；王晓红、栾翔宇、张少鹏，2022）、降低了债务违约风险（王守海、徐晓彤、刘烨炜，2022）。已有相关文献从经济效益的角度肯定了企业数字化转型"应该做""值得做"，但关于资本市场与企业数字化转型的已有文献更多关注了股票流动性的改善和股票韧性的提高，未能建立起企业数字化转型与信用评级的逻辑关系。

从"11超日债"违约事件打破中国债券市场的刚性兑付，到华晨、永煤等大型国企债券违约打破国有企业的预算软约束，债券市场的违约风险和投资者利益保护问题引发关注，债券发行主体的信用评级逐渐引起学者和监管部门的重视。由于债券投资者不参与公司的经营与决策，债券发行人与债券投资者之间存在着严重的信息不对称，因此合理有效的信用评级对于缓解债券投资者面临的风险至关重要。现有文献对于企业信用评级的影响因素进行了充分探讨。朱松（2013）发现企业微观财务变量、股权结构、宏观经济环境和债券发行特征均显著影响企业的信用评级。此外，现有文献还从审计质量（陈超、李鎔伊，2013）、企业内部控制质量（敖小波、林晚发、李晓慧，2017）、企业环境信息透明度（常莹莹、曾泉，2019）、管理层能力（吴育辉、吴世农、魏志华，2017）、公司治理（Bradford，Chen，and Zhao，2019）、企业社会责任报告可读性（Yu and Garg，2022）等角度研究了信用评级的影响因素。然而，鲜有文献考察企业数字化转型程度如何影响债券发行人的信用评级。

企业数字化转型能够提高企业价值和盈利能力，降低财务风险，由此提升信用评级。在数字化转型过程中，企业通过运用数字技术和信息化手段，可以对生产营销、经营治理、组织架构等各方面进行全面的转型升级。而数字技术的应用与创新，能够优化业务流程，提高企业经营效率。赵宸宇等（2021）研究发现，企业数字化转型能够推进企业技术创新，提升企业的运营水平，降低运营成本，优化人力资本结构，进而提升企业的全要素生产率，提高企业价值和偿债能力。根据期权定价理论，企业价值的提高能有效降低违约风险（Merton，1974），进而提升企业的信用评级。此外，数字化转型能够为企业建立智能化财务系统，提高财务人员效率，降低操作失误引发的财务风险，促进企业与金融机构及其他企业对接合作（王可、李连燕，2018），便于企业选择交易对象，进一步提高企业的盈利能力，提升信用评级。

综上所述，企业数字化转型可以推动企业的高质量发展，使其盈利能力和偿债能力得到提升，信息不对称问题得到缓解。当企业进行数字化转型时，等同于向资本市场传递了正面的信号，即更低的违约风险和更好的信息环境，因此评级机构会给出更高的信用评级。由此，本章得出研究假设：

H7-1：企业进行数字化转型会提升其信用评级。

7.2.2　生产规模效应

本章认为企业数字化转型提升信用评级的渠道之一是存在"生产规模效应"。已有研究发现企业的数字化转型可以通过优化人力资本结构、提升劳动收入份额、促进专业化分工、提升生产效率、推动劳动力结构转型升级、提升创新能力等方式推动企业的高质量发展，由此可见企业在数字化转型过程中，有动力且有能力扩大生产经营规模。因此，本章将进一步论述生产规模效应如何提升了信用评级。具体来说，影响评级机构给出评级结果的关键是债券发行人的违约概率，即未来是否有能力还本付息，而债券发行人能不能按期履行还款付息的义务，取决于企业的经营状况能否保障其拥有充足的现金流。因此债券发行人的生产规模会成为评级机构关注的问题，若债券发行人的生产规模不断扩大、经营状况良好，那么评级机构预期企业未来经营会更好、陷入财务困境的风险相对较低，未来不能还本付息导致债券违约的风险也较低，则会给出较高的信用评级。企业进行数字化转型会带来生产规模扩张效应，降低公司现金流风险以及债券未来的违约风险，进而提升信用评级。综上所述，本章得出研究假设：

H7-2：企业数字化转型通过扩张生产规模的渠道，增强其还款能力，进而提升信用评级。

7.2.3 信息披露效应

本章认为企业数字化转型提升信用评级的另一个渠道是存在"信息披露效应"。企业数字化转型能够提高信息透明度，降低信息不对称程度，进而提高信用评级。具体来说，首先，企业进行数字化转型能够通过数据挖掘和机器学习等技术将非标准化、结构化的数据编码输出为结构化、标准化的信息，并进行数据可视化，提高信息利用率，从而可以加强信息的获取和解读，并增加公司向市场披露的信息总量，降低债券发行人与债券投资者之间的信息不对称程度。其次，数字化的财务和管理系统可以提高公司内部信息的及时性和准确性，信息在企业内部的流转更加高效和顺畅，企业的生产经营环节能够更加透明。最后，也及时向资本市场传递了企业经营状况等信息，提高了信息披露质量，债券投资者能够充分了解企业信息，增强了债券投资者对公司的信心。因此，基于评级机构的视角，当企业进行数字化转型时，其可以获取到关于债券发行人更多、更准确的信息，即债券发行人信息的不确定性水平下降，增加了债券投资者的信心，进而提升了信用评级。综上所述，本章提出假设：

H7-3：企业数字化转型通过加强信息披露的渠道，缓解了信息不对称问题，进而提升信用评级。

　　基于以上分析，本章试图基于资本市场反馈的视角，考察企业数字化转型对信用评级的影响效应，并进一步归纳出生产规模效应和信息披露效应的作用机制（如图7-1所示）。本章将进行以下研究工作：第一，企业数字化转型是否会影响其信用评级？第二，如果存在显著影响，存在怎样的作用机制？第三，进一步考察上述关系在不同财务风险和审计质量下的差异。

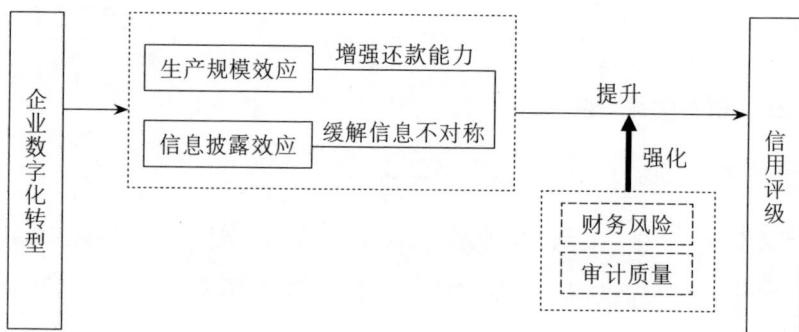

图7-1　企业数字化转型对信用评级的影响及作用机制

7.3　研究设计

7.3.1　数据来源与样本筛选

　　本章以2007—2021年发行公司债的上市公司为初始研究样本，并对数据进行如下处理：（1）考虑到港股上市公司与沪深上市公司的数据结构可能存在差异，因此本章剔除发行公司债的港股上市公司；（2）剔除金融行业上市公司；（3）剔除ST和*ST样本；（4）本章依照林晚发等（2019）的研究方法，如果一家公司在同一年度内具有多个信用评级，则只保留该年度的最后一个评级结果。最终经过筛选，本章获得了 2 642 个样本量。为消除个别极端值影响，本章对所有连续变量进行上下 1% 的缩尾处理。本章使用的数据取自 CNRDS 数据库和 CSMAR 数据库。

7.3.2 变量定义

1) 信用评级

本章的被解释变量是发债企业的信用评级（*Credit*）。参考已有文献（常莹莹、曾泉，2019；张娆、杨小伟，2023）以及中国人民银行《信用评级要素、标识及含义》对企业信用评级的分类要求，本章对企业发债当年的信用评级采用赋值法进行衡量：令 CCC 类及以下评级取值为 0，BB 类评级取值为 1，BBB 类评级取值为 2，A 类评级取值为 3，AA 类评级取值为 4，AAA 类评级取值为 5。

2) 企业数字化转型

本章解释变量为企业数字化转型（*Dig*）。现有研究主要使用三种方式衡量数字化转型：一是采用数字经济指数的子项进行度量，如利用信息化从业人员占比、互联网销售额占总收入比重等方面考察数字化程度（Babina et al.，2024；王永进、匡霞、邵文波，2017；何帆、刘红霞，2019），这种方法更多应用于宏观层面以及产业层面的研究。二是通过实地调研或问卷调查等方式评价数字技术在企业中的发展应用程度（刘淑春等，2021），但调研和问卷无法反映大样本的企业数字化转型情况。三是针对公司年报等公开信息进行文本挖掘，利用数字化相关关键词的词汇频率构建企业数字化转型测度指标（吴非等，2021；田秀娟、李睿，2022），这也是目前学者基于微观层面研究企业数字化转型主要采用的方法。因此本章采用第三种方式，使用管理层讨论文本作为基础使用数据，使用吴非等（2021）构建的数字化词典，基于文本中数字化相关词汇出现的频数，并将频数取自然对数，以此来度量企业的数字化转型程度。

3）生产规模

为检验企业数字化转型的生产规模效应，本章参考已有学者（孙伟增、郭冬梅，2021；王锋、葛星，2022；毛其淋、王玥清，2023）的做法，采用企业的营业收入来衡量企业的生产规模（*Lnyysr*），并对营业收入取对数处理。

4）信息不对称程度

为检验企业数字化转型的信息披露效应，本章参考王彤彤和史永东（2021）的研究，采用上市公司信息披露考评结果对企业的信息不对称程度（*Score*）进行衡量，若企业该年份的考评结果为优秀则取值为1，若结果为良好、合格或不合格，则取值为0。

5）控制变量

考虑到发债公司的信用评级会受到偿债能力、盈利能力以及公司治理水平等方面因素的影响，本章参考吴育辉等（2017）和敖小波等（2017）的做法，选择负债水平（*Lev*）、盈利能力（*Roa*）、公司规模（*Size*）、公司成长性（*Growth*）、公司年龄（*Age*）、股权集中率（*Sharehold*）、两权分离率（*Dual*）等指标作为控制变量，并控制年份和行业效应，控制变量均选取于发行债券前一年。表7-1给出了本章所使用的主要变量定义。

表7-1　　　　　　　　　　　　　　变量定义

变量类型	变量符号	变量名称	变量定义
被解释变量	*Credit*	信用评级	按照发债当年的信用评级进行赋值
解释变量	*Dig*	企业数字化转型	文本分析法构建的数字化词频的自然对数
	Lnyysr	生产规模	企业营业收入取自然对数
	Score	信息不对称程度	上市公司信息披露考评结果

变量类型	变量符号	变量名称	变量定义
控制变量	*Lev*	资产负债率	总负债/总资产
	Roa	资产负债率	净利润/总资产
	Size	公司规模	总资产的自然对数
	Growth	公司成长性	主营业务收入增长率
	Age	公司年龄	(公司成立时长+1) 取自然对数
	Shareshold	股权集中率	第一大股东持股数/总股数
	Dual	两权分离率	实际控制人控制权与所有权之差

7.3.3 模型设定

为检验企业数字化转型是否显著影响企业信用评级，本章运用序数回归 Order Logit 模型，建立模型（7-1）。参考此前学者的相关研究，在模型中加入偿债能力、盈利能力、公司治理、行业以及年份等控制变量，解释变量及控制变量均选取于评级前一年。具体模型如下：

$$Credit_{i,\,t+1} = \alpha_0 + \alpha_1 Dig_{i,\,t} + \alpha_2 Lev_{i,\,t} + \alpha_3 Roa_{i,\,t} + \alpha_4 Size_{i,\,t} + \alpha_5 Growth_{i,\,t} +$$
$$\alpha_6 Age_{i,\,t} + \alpha_7 Shareshold_{i,\,t} + \alpha_8 Dual_{i,\,t} + \sum Ind + \sum Year + \varepsilon_{i,\,t+1}$$

$$(7\text{-}1)$$

在本章的稳健性检验中，本章调整了解释变量及被解释变量的构建方式并采用 Logit 模型回归。同时，为缓解解释变量与被解释变量间可能存在的内生性问题，本章参考已有文献的做法使用了工具变量法。

为检验企业数字化转型是否存在生产规模效应和信息披露效应，本章分别构建了模型（7-2）、（7-3）、（7-4）、（7-5）。

$$Lnyysr_{i,t} = \alpha_0 + \alpha_1 Dig_{i,t} + \alpha_2 Lev_{i,t} + \alpha_3 Roa_{i,t} + \alpha_4 Size_{i,t} + \alpha_5 Growth_{i,t} +$$
$$\alpha_6 Age_{i,t} + \alpha_7 Shareshold_{i,t} + \alpha_8 Dual_{i,t} + \sum Ind + \sum Year + \varepsilon_{i,t}$$
$$(7\text{-}2)$$

$$Credit_{i,t+1} = \alpha_0 + \alpha_1 Dig_{i,t} + \alpha_2 Lnyysr_{i,t} + \alpha_3 Lev_{i,t} + \alpha_4 Roa_{i,t} + \alpha_5 Size_{i,t} +$$
$$\alpha_6 Growth_{i,t} + \alpha_7 Age_{i,t} + \alpha_8 Shareshold_{i,t} + \alpha_9 Dual_{i,t} + \sum Ind +$$
$$\sum Year + \varepsilon_{i,t+1} \qquad (7\text{-}3)$$

$$Score_{i,t} = \alpha_0 + \alpha_1 Dig_{i,t} + \alpha_2 Lev_{i,t} + \alpha_3 Roa_{i,t} + \alpha_4 Size_{i,t} + \alpha_5 Growth_{i,t} +$$
$$\alpha_6 Age_{i,t} + \alpha_7 Shareshold_{i,t} + \alpha_8 Dual_{i,t} + \sum Ind + \sum Year + \varepsilon_{i,t}$$
$$(7\text{-}4)$$

$$Credit_{i,t+1} = \alpha_0 + \alpha_1 Dig_{i,t} + \alpha_2 Score_{i,t} + \alpha_3 Lev_{i,t} + \alpha_4 Roa_{i,t} + \alpha_5 Size_{i,t} +$$
$$\alpha_6 Growth_{i,t} + \alpha_7 Age_{i,t} + \alpha_8 Shareshold_{i,t} + \alpha_9 Dual_{i,t} + \sum Ind +$$
$$\sum Year + \varepsilon_{i,t+1} \qquad (7\text{-}5)$$

7.4 实证结果分析

7.4.1 描述性统计

表7-2展示了描述性统计结果。从表7-2可知，发债公司信用评级的均值为4.179，信用评级主要集中在AA级，且与美国债券市场相比整体评级偏高（寇宗来、盘宇章、刘学悦，2015）。企业数字化转型程度的极大值与极小值分别为6.301和0，标准差为1.235，表明不同企业间数字化转型程度差异较大，企业数字化转型的平均值为1.119，从整体上看，虽然当前大部分上市企业均已开展了数字化转型，但我国企业数字化转型程度普遍不高，仍需进一步提高。此外，信息披露的考评结果均值为0.23，说明本章使用样本中有23%的上市公司信息披露质量为优秀，标准差为0.421，这表明不同发债主体的

信息不对称程度存在一定差异。

表7-2   描述性统计

变量	观测数	平均值	标准差	最小值	中位数	最大值
Credit	2 642	4.179	0.517	0	4	5
Dig	2 642	1.119	1.235	0	0.693	6.301
Lnyysr	2 638	22.879	1.589	17.273	22.667	28.830
Score	2 638	0.230	0.421	0	0	1
Lev	2 642	0.563	0.157	0.183	0.569	0.894
Roa	2 642	0.029	0.045	−0.171	0.027	0.157
Size	2 642	23.530	2.020	0	23.390	28.550
Growth	2 642	0.127	0.271	−0.490	0.090	1.188
Age	2 642	2.845	0.359	1.609	2.890	3.466
Sharehold	2 642	36.830	16.840	0	35.160	78.890
Dual	2 642	4.867	7.761	0	0	29.320

7.4.2 回归分析

本章采用模型（7-1）验证企业数字化转型与发债企业信用评级之间的关系。表7-3中第（1）~（3）列分别为未加入控制变量、未控制年份行业固定效应以及加入全部控制变量的回归结果。当模型中仅有企业数字化转型时，其估计系数为0.119，并在1%水平上通过显著性检验。在模型中逐渐加入公司特征变量以及行业年份固定效应时，企业数字化转型的估计系数分别为0.144和0.194，并均在1%水平上通过显著性检验，由此可知企业数字化转型显著提升了公司债券发行主体的信用评级，与本章此前的研究假设一致。随着企业数字化转型程度的加深，评级机构认为其经营前景稳定、具备更强的行业竞争力，因此发债主体的违约风险较低，大大提高了其信用评级。

表7-3　　　　　企业数字化转型对信用评级的影响

被解释变量 解释变量	（1）	（2）	（3）
	Credit	*Credit*	*Credit*
Dig	0.119***	0.144***	0.194***
	（3.42）	（3.11）	（3.39）
Lev		-4.092***	-3.010***
		（-8.69）	（-5.53）
Roa		5.094***	7.070***
		（3.46）	（4.48）
Size		1.440***	1.291***
		（23.47）	（19.55）
Growth		-0.286	-0.347
		（-1.30）	（-1.45）
Age		0.110	-0.175
		（0.68）	（-0.90）
Sharehold		0.028***	0.026***
		（7.93）	（6.88）
Dual		-0.016**	-0.014*
		（-2.22）	（-1.80）
行业固定效应	未控制	未控制	已控制
年份固定效应	未控制	未控制	已控制
样本量	2 642	2 642	2 642
R^2	0.03	0.33	0.38

　　注：***、**、*分别表示系数在1%、5%、10%水平上显著；括号内为Z值。

对于控制变量而言，企业负债水平的系数显著为负，这一结果符合现实情况。通常企业的负债水平越高，其资金不足陷入财务困境的可能性越高，更有可能违约，所以信用评级更低。同时，企业的规模和盈利能力与企业的主体信用评级显著正相关，企业的规模越大，盈利能力强，其总资产越多，有更多可以抵押的资产，也更容易获得稳定的现金流，违约风险低，从而提高企业的信用评级。

7.4.3 稳健性及内生性检验

1）变换被解释变量衡量方式

本章采用两种方式重新衡量发债企业的信用评级。一是将 AAA 级定义为 1，否则定义为 0，构建哑变量（*Dum_Credit*）。二是对信用评级采用另一种赋值方式：令 CCC 级及以下取值 0，B 或 BB 级取值为 1，BBB 或 BBB+级取值为 2，A 或 A-或 A+级取值为 3，AA-级取值为 4，AA 级取值为 5，AA+级取值为 6，AAA 级取值为 7，构建序数变量（*Credit2*）。对 *Dum_Credit* 采用 Logit 模型，对 *Credit2* 仍采用模型（7-1）重复前文检验，得到回归结果（见表7-4）。企业数字化转型的回归系数分别为0.134、0.111，分别在10%、1%水平上通过显著性检验，研究假设7-1依然成立。

表7-4　　　　　　　　　　稳健性检验

被解释变量 解释变量	（1）	（2）	（3）	（4）
	替换被解释变量		替换解释变量	删除风险样本
	Dum_Credit	*Credit2*	*Credit*	*Credit*
Dig	0.134*	0.111***		0.254***
	（1.86）	（2.75）		（3.56）

	（1）	（2）	（3）	（4）
	替换被解释变量		替换解释变量	删除风险样本
被解释变量 解释变量	Dum_Credit	Credit2	Credit	Credit
Dum_Dig			0.464***	
			(3.42)	
Lev	−3.978***	−4.204***	−2.995***	−2.202***
	(−5.29)	(−10.80)	(−5.48)	(−3.72)
Roa	6.699***	8.352***	7.230***	6.991***
	(2.67)	(7.51)	(4.57)	(4.01)
Size	1.861***	1.835***	1.288***	1.028***
	(19.69)	(31.26)	(19.52)	(15.11)
Growth	−0.914***	−0.728***	−0.345	−0.197
	(−2.72)	(−4.42)	(−1.44)	(−0.76)
Age	−0.057	0.419***	−0.154	−0.161
	(−0.22)	(3.05)	(−0.80)	(−0.75)
Sharehold	0.019***	0.023***	0.026***	0.030***
	(4.04)	(8.16)	(6.83)	(7.03)
Dual	−0.012	−0.007	−0.014*	−0.012
	(−1.24)	(−1.33)	(−1.79)	(−1.41)
行业固定效应	已控制	已控制	已控制	已控制
年份固定效应	已控制	已控制	已控制	已控制
样本量	2 642	2 642	2 642	2 008
R^2	0.58	0.34	0.38	0.35

注：***、**、*分别表示系数在1%、5%、10%水平上显著；括号内为Z值。

2）变换解释变量衡量方式

本章参考王守海等（2022）的方法变换企业数字化转型衡量方式，具体地构建企业数字化转型哑变量（*Dum_Dig*）来衡量企业是否进行了数字化转型，若企业数字化转型取值大于 0 则 *Dum_Dig*=1，否则 *Dum_Dig*=0。得到回归结果（见表7-4），企业数字化转型哑变量的系数为 0.464，在 1% 水平上通过显著性检验，与前文研究假设一致。

3）删除企业数字化转型的风险披露

当采用文本分析的方法测度企业数字化转型时，可能会将管理层讨论中数字化风险披露纳入指标中，这导致基于"数字化"单一词典构建的指标不够客观。为排除文本中关于数字化的风险披露的影响，本章利用"数字化"与"风险"的联合词典，计算两个关键词临近出现的词频，得到企业数字化转型的风险水平。进一步地，本章按照行业和年份计算样本中的数字化转型风险均值，将风险水平高于均值的样本去掉（共删除 634 个样本），利用剩下的样本进行模型（7-1）的回归。得到回归结果（见表7-4），企业数字化转型的系数为 0.254，在 1% 水平上通过显著性检验。因此，排除掉风险因素之后的结果依然可以证明前文研究假设成立。

4）内生性检验

考虑到信用评级高的企业，其违约风险较低，更倾向于公开其数字化转型程度，这就意味着企业数字化转型与其信用评级之间可能存在反向因果关系。本章参考赵宸宇等（2021）的研究，选取城市邮政业务总量（*IV*）作为工具变量，采用 2SLS 工具变量法对其可能存在的内生性问题进行检验，得到回归结果（见表7-5）。列（1）展示了第一阶段的回归结果，城市邮政业务总量的系数在 1% 的水平上显著为正，列（2）展示了第二阶段回归结果，企业数字化转型的系数在

1%的水平上显著为正。这表明本章的研究结论依然成立。

表7-5 内生性检验

被解释变量 / 解释变量	（1） Dig	（2） Credit
IV	0.019***	
	(9.56)	
Dig		0.123***
		(2.85)
Lev	−0.045	−0.126
	(−0.25)	(−1.08)
Roa	1.627***	1.095***
	(2.85)	(3.06)
Size	0.025	0.093***
	(1.64)	(4.39)
Growth	0.212***	−0.005
	(2.72)	(−0.13)
Age	0.443***	0.034
	(7.25)	(0.95)
Sharehold	−0.002*	0.005***
	(−1.89)	(6.40)
Dual	−0.009***	−0.002
	(−3.29)	(−1.43)
常数项	−0.836	1.560***
	(9.56)	(3.91)
行业固定效应	已控制	已控制
年份固定效应	已控制	已控制
样本量	2 642	2 642
R^2	0.58	0.44

注：***、**、*分别表示系数在1%、5%、10%水平上显著；括号内为Z值。

7.4.4 机制检验

1）生产规模效应

为了考察企业数字化转型是否存在生产规模效应，本章对模型（7-2）、（7-3）进行了回归分析，系数的估计结果见表7-6。由表7-6中第（1）列可知，企业数字化转型的回归系数为0.044，且在1%水平上显著为正，这说明企业数字化转型程度提高会扩大企业的生产规模，改善企业经营。表7-6中第（2）列显示企业数字化转型及生产规模的回归系数分别为0.342、0.189，均在1%水平上通过了显著性检验。这表明，企业进行数字化转型有效改善了公司的经营管理，扩大了生产规模，增强了还款能力，进而降低了公司债券违约的风险，因此评级机构给出了更高的信用评级。综上，企业数字化转型存在生产规模效应，进而提升了信用评级，这一结果支持了本章的研究假设。

表7-6　　　　**企业数字化转型影响信用评级的机制检验**

被解释变量 解释变量	（1）	（2）	（3）	（4）
	生产规模效应		信息披露效应	
	Lnyysr	*Credit*	*Score*	*Credit*
Dig	0.044***	0.342***	0.130**	0.200***
	(3.77)	(3.05)	(2.54)	(2.88)
Lnyysr		0.189***		
		(2.74)		
Score				0.569***
				(3.22)

被解释变量 解释变量	（1） 生产规模效应 Lnyysr	（2） Credit	（3） 信息披露效应 Score	（4） Credit
Lev	0.535***	−6.033***	−0.955**	−5.765***
	(5.85)	(−9.77)	(−2.03)	(−9.37)
Roa	1.984***	2.910	11.223***	2.829
	(6.34)	(1.61)	(6.44)	(1.55)
Size	1.015***	2.249***	0.633***	2.531***
	(94.81)	(14.92)	(12.98)	(22.74)
Growth	0.286***	−1.056***	0.315	−0.926***
	(6.03)	(−3.62)	(1.45)	(−3.22)
Age	−0.080**	−0.349	−0.460***	−0.323
	(−2.06)	(−1.46)	(−2.62)	(−1.36)
Sharehold	0.003***	0.026***	−0.002	0.028***
	(4.32)	(5.71)	(−0.58)	(6.03)
Dual	0.003**	−0.020**	0.011	−0.021**
	(2.19)	(−2.18)	(1.52)	(−2.28)
常数项	−1.539***	—	—	—
	(−3.51)	—	—	—
行业固定效应	已控制	已控制	已控制	已控制
年份固定效应	已控制	已控制	已控制	已控制
样本量	2 638	2 638	2 638	2 638
R^2	0.86	0.57	0.21	0.57

注：***、**、*分别表示系数在1%、5%、10%水平上显著；括号内为Z值。

2）信息披露效应

为了考察企业数字化转型是否存在信息披露效应，本章对模型 (7-4)、(7-5) 进行了回归分析，系数的估计结果见表 7-6。由表 7-6 中第（3）列可知，企业数字化转型的回归系数为 0.130，且在 5% 水平上显著为正，这说明企业数字化转型程度提高会改善企业的信息不对称程度，提升企业的信息披露质量。表 7-6 中第（4）列显示企业数字化转型及信息不对称程度的回归系数分别为 0.200、0.569，均在 1% 水平上通过了显著性检验。这表明，企业进行数字化转型有效提高了企业的信息透明度，提高了其信息披露质量，显著改善了企业的信息不对称，降低了企业的违约风险，进而获得了评级机构更高的信用评级。综上，企业数字化转型存在信息披露效应，进而提升了信用评级，这一结果支持了本章的研究假设。

7.5 进一步分析

7.5.1 调节效应

1）财务风险的调节效应

在企业进行数字化转型的过程中，一方面数字化转型能提升企业被媒体和投资者的关注程度，强化市场对于企业发展的正面预期，吴非等（2021）发现，数字化转型能使企业的正面报道增加，从而吸引投资者积极投资，缓解中小企业"融资贵""融资难"等问题，提高企业融资能力。另一方面，企业数字化转型是国家数字经济发展战略要求之一，是数字经济发展的关键，因此数字化转型进程中的企业能享受到更多的政策帮扶和金融支持，而且这些资源优势不仅能够直接缓解企业的财务困境，还能通过信号效应间接缓解企业的融资约束。综上，本章认为企业财务风险会对企业数字化转型与信用评级之间正向关系产生影响，即在财务风险更大的企业中，数字化转型提升信用评级的作用更强。

本章参考唐松等（2020）的做法，借鉴 Altman（1968）的风险 Z 值法进行衡量企业财务风险。具体来说，由于 Z 值越小，企业财务风险越大、陷入财务困境的概率越高，反之则说明企业的财务风险越低，因此本章基于 Z 值的行业年份均值构造财务风险哑变量（Dum_Z），大于均值取 1，小于等于则取 0，在模型（7-1）中增加财务风险哑变量和企业数字化转型与财务风险哑变量的交叉项（$Dig×Dum\_Z$），构建模型（7-6）。

$$Credit_{i,\,t+1} = \alpha_0 + \alpha_1 Dig_{i,\,t} + \alpha_2 Dum\_Z_{i,\,t} + \alpha_3 Dig_{i,\,t} \times Dum\_Z_{i,\,t} + \alpha_4 Lev_{i,\,t} +$$
$$\alpha_5 Roa_{i,\,t} + \alpha_6 Size_{i,\,t} + \alpha_7 Growth_{i,\,t} + \alpha_8 Age_{i,\,t} + \alpha_9 Shareshold_{i,\,t} +$$
$$\alpha_{10} Dual_{i,\,t} + \sum Ind + \sum Year + \varepsilon_{i,\,t+1} \qquad (7-6)$$

模型（7-6）的估计结果见表 7-7。由表 7-7 中（1）列可知，企业数字化转型和财务风险哑变量的回归系数分别为 0.298、0.688，且均在 1% 水平上显著为正，这与评级的逻辑相符，即企业财务风险越小，信用评级越高。同时企业数字化转型和财务风险哑变量交叉项的回归系数是 -0.240，在 5% 水平上通过了显著性检验，这说明相比于财务风险较低的公司，企业数字化转型对信用评级的提升作用在财务风险高的公司中更大，与前文的理论分析一致。

表7-7　　　　企业数字化转型影响信用评级的调节效应

	（1）	（2）
	财务风险	审计质量
被解释变量 解释变量	*Credit*	*Credit*
Dig	0.298***	0.134**
	(3.51)	(2.09)

被解释变量 解释变量	(1) 财务风险 Credit	(2) 审计质量 Credit
Dum_Z	0.688***	
	(2.92)	
Dig×Dum_Z	−0.240**	
	(−1.96)	
Big4		1.287***
		(8.05)
Dig×Big4		0.312**
		(2.42)
Lev	−7.208***	−2.834***
	(−10.20)	(−5.09)
Roa	4.052**	6.930***
	(2.11)	(4.29)
Size	2.905***	1.137***
	(22.92)	(16.32)
Growth	−0.619**	−0.279
	(−2.14)	(−1.14)
Age	−0.501**	−0.093
	(−2.07)	(−0.47)
Sharehold	0.029***	0.028***
	(6.10)	(7.20)
Dual	−0.016*	−0.020**
	(−1.76)	(−2.53)

	（1）	（2）
	财务风险	审计质量
被解释变量 解释变量	*Credit*	*Credit*
行业固定效应	已控制	已控制
年份固定效应	已控制	已控制
样本量	2 638	2 642
R^2	0.59	0.40

注：***、**、*分别表示系数在1%、5%、10%水平上显著；括号内为Z值。

2）审计质量的调节效应

信用评级机构通常需要分析和研究审计过的财务报告，以评估发债企业的违约风险，进而给出信用评级，实现债券发行人与投资者之间信息不对称的下降。企业的数字化转型不属于财务信息，具有一定的前瞻性，因此往往难以在事前验证（Ball，Jayaraman，and Shivakumar，2012）。通过对沪深两市的研究，陈超和李镕伊（2013）发现审计质量与发债公司的主体评级和债项评级均显著正相关。良好的外部审计质量能有效增强财务报告的可信程度，起到鉴证作用（Mansi，Maxwell，and Miller，2004），提高企业的信息披露质量，从而提高企业数字化转型程度这一信息的可信度，进而影响信用评级机构对于企业数字化转型程度的分析和评估。因此，审计质量越高，信息披露质量越好，评级机构越能更好地衡量企业的数字化转型程度，为数字化转型程度高的企业赋予更高的信用评级。综上所述，本章认为在外部审计质量更好的企业中，企业数字化转型对信用评级提升作用更强。

为研究审计质量对企业数字化转型与信用评级关系的影响，本章借鉴吴育辉等（2017）的研究方法构建审计质量（*Big4*），具体来说若企业采用四大会计师事务所进行审计，则取值为1，否则为0。在模型（7-1）中增加审计质量（*Big4*）以及企业数字化转型与审计质量的交叉项（*Dig×Big4*），构建如下模型（7-7）。

$$Credit_{i, t+1} = \alpha_0 + \alpha_1 Dig_{i, t} + \alpha_2 Big4_{i, t} + \alpha_3 Dig_{i, t} \times Big4_{i, t} + \alpha_4 Lev_{i, t} +$$

$$\alpha_5 Roa_{i, t} + \alpha_6 Size_{i, t} + \alpha_7 Growth_{i, t} + \alpha_8 Age_{i, t} + \alpha_9 Shareshold_{i, t} +$$

$$\alpha_{10} Dual_{i, t} + \sum Ind + \sum Year + \varepsilon_{i, t+1} \tag{7-7}$$

模型（7-7）的估计结果见表7-7。由表7-7中（2）列可知，企业数字化转型和审计质量的回归系数分别为0.134、1.287，分别在5%、1%水平上显著为正，即企业财务报表审计质量越高，信用评级越高。同时企业数字化转型和审计质量交叉项的回归系数是0.312，在5%水平上通过了显著性检验。此结果表明在审计质量不同的企业中，企业数字化转型对信用评级存在差异性的影响，即在审计质量高的企业中，企业数字化转型对信用评级的提升作用更大，与前文的理论分析一致。

7.5.2 异质性分析

1）企业行业属性的异质性分析

已有研究表明高科技行业在公司治理和信息披露等方面与其他行业存在明显差异（陈日清、王彤彤、史永东，2020），因此本章进一步考察企业数字化转型对信用评级的提升作用在不同行业中的差异。在目前技术创新周期加快、经济结构加快调整的大背景下，与传统行业相比，高科技企业的创新需求和技术创新水平更高，更容易在自己所处的领域中完成数字化转型，并将其与自身的生产运营、管理体系进行深度融合，进而能够更有效地提升信用评级。与此同时，数字化转型需要强大的数字技术应用与创新能力，而高科技企业拥有良好的数字技术硬件和数字技术应用经验，相对于其他企业实现数字化转型所需要的时间、资金更少。因此，企业数字化转型对信用评级的提升作用在高科技企业中更加显著。

本章借鉴吴非等（2021）和王守海等（2022）的做法，将所有样本划分为高科技企业和非高科技企业两类，回归结果见表7-8第（1）～（2）列所示。在高科技企业中，企业数字化转型的系数为0.917，在1%水平上显著，而在非高科技企业中，企业数字化转型的系数并未通过显著性检验，这说明企业数字化转型对信用评级的提升作用在高科技企业中更加显著，与前文的理论分析一致。

表7-8　　　企业数字化转型影响信用评级的异质性分析

被解释变量 解释变量	(1)	(2)	(3)	(4)
	行业属性		产权性质	
	高科技企业	非高科技企业	国有企业	非国有企业
	$Credit$	$Credit$	$Credit$	$Credit$
Dig	0.917***	0.006	0.425***	0.142
	(4.89)	(0.07)	(3.77)	(1.33)
Lev	−3.544***	−8.997***	−7.636***	−8.780***
	(−2.74)	(−11.03)	(−8.25)	(−6.69)
Roa	6.743	5.676**	4.487*	4.427
	(1.53)	(2.57)	(1.70)	(1.49)
$Size$	2.679***	3.043***	3.102***	3.083***
	(8.92)	(20.75)	(17.54)	(13.10)
$Growth$	−0.124	−0.798**	−0.897**	−0.122
	(−0.16)	(−2.48)	(−2.18)	(−0.27)

被解释变量 解释变量	（1）	（2）	（3）	（4）
	行业属性		产权性质	
	高科技企业	非高科技企业	国有企业	非国有企业
	Credit	*Credit*	*Credit*	*Credit*
Age	0.173	−0.524*	−1.234***	0.192
	(0.28)	(−1.91)	(−3.16)	(0.50)
Sharehold	0.046***	0.029***	0.032***	0.008
	(3.10)	(5.47)	(4.75)	(0.86)
Dual	−0.030	−0.022**	−0.003	−0.021
	(−1.15)	(−2.10)	(−0.25)	(−1.27)
行业固定效应	已控制	已控制	已控制	已控制
年份固定效应	已控制	已控制	已控制	已控制
样本量	467	2 171	1 445	1 193
R^2	0.55	0.57	0.63	0.51

注：***、**、*分别表示系数在1%、5%、10%水平上显著；括号内为Z值。

2）企业产权性质的异质性分析

考虑到在中国特色的资本市场中，上市公司具有不同的产权性质，即分为国有企业与非国有企业两类，而产权性质不同给企业特征带来了诸多差异。已有大量学者针对产权异质性对公司治理、信息披露等方面的影响展开了讨论（王彤彤、史永东，2021）。陈冬华等（2005）认为国有企业的薪酬管制使得在职消费成为管理人员的替代性选择，而信息披露往往成了代理行为的掩饰工具，这导致国有企业的信息披露质量下降。韩晴和王华（2014）发现机构投资者的信息披露质量治理在国有企业中作用更大。因此本章认为，信息不对称问题在国有企业中更为严重，那么当国有企业进行数字化转型时，信用评级上升的作用会更显著。本章推测，企业数字化转型对信用评级的提升作用在国有企业中更为显著。为验证这一推测，本章将考察债券发行人的国有/非国有产权性质给企业数字化转型与信用评级关系带来的影响，试图在中国资本市场背景下提供更丰富更完整的经验证据。

分组回归结果见表7-8第（3）~（4）列。在国有企业中，企业数字化转型的系数为0.425，在1%水平上显著，而在非国有企业中，企业数字化转型的系数并未通过显著性检验，这说明企业数字化转型对信用评级的提升作用在国有企业中更加显著，与前文的理论分析一致。

7.6 结论与启示

本章以2007—2021年间发行公司债的上市公司为研究样本，实证检验了企业数字化转型对信用评级的影响及其作用机制。本章研究结果表明：第一，企业数字化转型对信用评级有显著的提升作用，即评级机构会关注企业的数字化转型程度，企业的数字化转型程度越高，企业的信用评级越高，且这一结论在经过稳健性检验和内生性检验后依然成立；第二，企业数字化转型可以扩大生产规模，提高信息披露质量，提高还款能力并降低信息不对称性，降低债券投资者面临的违约风险，进而提升信用评级；第三，当企业的财务风险较高或审计质量较高时，企业进行数字化转型会更大程度提升信用评级，并且在区分行业属性和产权性质异质性时，当企业为高科技企业或国有企业时，数字化转型对信用评级的提升作用更显著。

根据以上研究结论，本章从以下方面提出政策启示与建议：其一，对于企业而言，企业要加快推进数字化转型进程，以实现正向的资本市场反馈。考虑到数字化转型能提高信用评级，这有利于企业提高融资能力，促进企业高质量快速发展。从现实情况来看，我国企业目前数字化转型程度还处于较低水平。企业应该积极响应国家政策，提高数字技术的应用与创新能力，提高数字化转型水平；同时要利用数字技术增强信息披露质量，使评级机构能更全面地衡量企业的数字化转型程度。其二，对于信用评级机构而言，除了关注企业的财务信息外，还要关注非财务信息，这些非财务信息能为企业违约风险的衡量提供参考，增强信用评级的预警作用，促进债券市场的健全与完善，进而推动资本市场的健康发展。其三，对于政府而言，政府对于不同情况的企业应该制定差异化的补贴扶持政策；同时建立健全信息披露制度规范，引导信用评级机构审慎评级，促进经济平稳运行，防范金融风险。

企业数字化转型的劳动力市场溢出效应

就业是最大的民生，关乎民生福祉和社会稳定。然而近年来，伴随着中国经济下行压力不断增大，就业也面临着诸多挑战。企业的数字化转型很大程度上影响着企业的雇佣规模和收入分配。为此，本章将样本聚焦到企业数字化转型的劳动力市场溢出效应，选取2007—2023年度的上市公司样本，分析企业数字化转型对企业雇佣决策的影响。其具体表现为：企业数字化转型的程度越高，企业雇佣员工的数量就越多。进一步分析表明，雇佣需求和雇佣能力在企业数字化转型过程中得到了提升，进而增加了劳动力的雇佣数量。但是企业数字化转型也进一步扩大了企业员工间的薪酬差距，加大了企业内部薪资不平衡。同时，数字化技术的使用对员工雇佣具有抑制作用，不过，良好的外部法治环境能缓解这一效应。法治环境是影响企业在数字化转型过程中进行人力资本投资的重要外部环境因素。本章揭示了企业数字化转型对于提高企业吸纳就业水平的积极作用和扩大企业内薪酬差距的负面作用，并证实了法治环境在促进企业稳就业当中的重要地位，因此本章研究对于劳动力市场及收入制度改革具有重要的政策启示意义。

8.1　引言

　　党的二十大报告强调，就业是最基本的民生，也是经济发展最基本的支撑。就业是民生之本，也是安国之策，就业对整个社会的生产和发展都具有重大意义。就业问题一直是我国重点关注和关心的问题，党中央和国务院都始终把就业工作放在经济社会发展的重要位置。改革开放40年以来，我国在就业领域取得突出成就，全国就业总人数从1978年的4.02亿人增加到2022年的7.75亿人，增加了近一倍，在全国就业总人数中，城镇就业总人数达到了4.42亿人，比

1978 年的 3.24 亿人增加了 36.4%。失业率由 1978 年的 5.30% 降低至 2022 年的 3.62%，下降了近 2 个百分点。40 年来，我国就业总人数和城镇就业总人数在不断增加，区域间的就业差距不断缩减，各产业间的就业结构也不断调整和优化，劳动力市场逐渐完善，就业形势日趋稳定。数字化转型是企业将新型数据要素与传统生产要素进行融合，以实现数字技术与实体产业间的深度融合（Mithas et al.，2013；侯德帅等，2023；陈东、郭文光，2023），因此企业数字化转型通常会深度重构企业原有的业务、管理和商业模式，企业未来的内在价值和发展前景将会出现重大变革（陈晓红等，2022）。当前数字经济发展迅猛，企业数字化转型是发展数字经济的关键点，在此过程中数字化转型是否会影响企业的劳动力雇佣以及企业内部的薪酬差距，是一个值得深入探讨的问题。

目前与本章主题相关的文献主要有两个角度：其一是基于企业数字化转型的角度，已有文献认为企业的数字化转型可以通过优化人力资本结构、提升企业劳动收入份额、促进企业专业化分工、提升企业生产效率、推动企业劳动力结构转型升级、提升企业创新能力等方式推动企业的高质量发展（Ramaswamy and Ozcan，2016；Svahn，Mathiassen，and Lindgren，2017；Mikalef and Pateli，2017；Zhong，2018；Vial，2019；戚聿东、肖旭，2020；袁淳等，2021；肖土盛等，2022；叶永卫、李鑫、刘贯春，2022；杨金玉、彭秋萍、葛震霆，2022；Zhai，Yang，and Chan，2022；赵春明等，2023）；其二是基于劳动力市场的角度，考察金融危机（Popov and Rocholl，2018）、地方政府债务（余明桂、王空，2022）、留抵退税政策（崔小勇、蔡昀珊、卢国军，2023）、社保缴费率下调（宋弘、封进、杨婉彧，2021）、数字贸易（贺梅、王燕梅，2023）等因素对企业雇佣决策的影响。已有文献更多从企业经营发展、融资能力和税费缴纳等角度考察企业劳动力雇佣决策的影响因素，鲜有文献深入研究企业数字化转型与企业雇佣决策之间的作用机制。已有研究表明，企业数字化转型可以提高核心竞争力，扩大生产规模，改善融资渠道和融资条件，并提供多样化收益，但也可能导致数字化资产对低收入水平劳动力的挤出，同时网络攻击的增加会导致其经营风险提升，从而抵消数字化转型的正向收益。综上，已有文献未能有效关注企业数字化转型如何影响企业雇佣决策，具体的影响效应及作用机制还需要进一步深入探究。

有鉴于此，本章以2007—2023年间中国A股上市公司的年报、分析师报告等文本为研究样本，研究企业数字化转型对其雇佣决策的影响，并进一步基于外部环境的角度，分析企业外部法治环境影响雇佣决策的作用机制，以完善企业数字化转型经济效应的逻辑链条。研究发现，企业进行数字化转型与劳动力雇佣数量存在正相关关系，即企业数字化转型程度越高，企业雇佣劳动力的数量越多，并且通过扩大生产规模、缓解融资约束的机制增加了劳动力的需求，但同时扩大了企业内部的员工薪酬差距，并且数字资产占比越高，对劳动力的挤出效应越大，当企业外部法治环境改善时，这两种负面效应得到缓解。进一步的机制分析表明，外部法治环境的进步会促进企业雇佣规模的扩大。在传导机制的研究中发现，外部法治环境建设会通过提高资金流动性、缓和劳资关系两个传导路径提高劳动力雇佣决策的积极性、扩大企业的雇佣规模；在异质性的分析中发现，外部法治环境会显著影响非国有企业的劳动雇佣，而其对国有企业的劳动雇佣影响不显著，对轻工业企业劳动雇佣的影响显著大于其对重工业企业劳动雇佣的影响。

本章可能的研究贡献主要体现在以下两个方面：其一，基于企业数字化转型的视角研究了企业雇佣决策的影响因素，并结合中国制度背景探讨其作用机制，为推动建设数字经济、有效促进就业提供了经验证据。已有文献研究企业数字化转型时，主要考察了数字化转型对企业生产经营、创新行为、组织管理等方面的影响，忽略了企业数字化转型对人力资源、员工雇佣层面的影响。此外，已有文献更多就企业数字化转型进行单一层面的考察，未能同时考察对劳动力雇佣数量和企业内部薪酬差距产生的相反影响，而本章多维度地分析了企业数字化转型对劳动力市场的溢出效应，相关研究结论丰富了企业数字化转型经济效应的经验证据。其二，立足于劳动力市场视角，系统评估了企业数字化转型对上市企业劳动雇佣决策的影响因素。不同于以往研究，本章创新性地将企业数字化转型和外部法治环境对上市企业劳动雇佣决策的影响结合在一起，并发现外部法治环境可以缓解企业在数字化转型过程中对劳动力市场的负面影响。进一步的作用机制分析发现，企业外部法治环境越好，资金流动性越好、劳资关系越能够得到缓和，并且外部法治环境对劳动力市场的积极作用在非国有企业和轻工业企业中更明显。因此本章研究完善了企业数字化转型影响劳动力市场的逻辑链条，拓展了企业雇佣决策的研究框架，为政府更具体地服务地方企业、促进地区的就业水平提供了理论依据和经验指导。

8.2　文献综述

就业问题一直是学者研究关心的重点问题，在现代经济社会中失业人数的激增将给经济发展造成严重的压力。具体而言，不同地区的经济发展和就业率情况相差较大，李双全和王学良（2007）认为，我国失业率水平在各地区之间存在较大差距，失业率在空间分布上存在明显的地域特征。何德旭和周中胜（2011）认为，失业率较高的地区其国有企业存在更多的冗余雇员。除了地区间差异以外，就业情况在三大产业中也存在一定的不平衡，曾庆生和陈信元（2006）认为，三大产业对劳动力吸纳能力差异较大，其中，第三产业是三大产业中对劳动力吸纳能力最强的产业。企业劳动雇佣作为吸纳劳动力的主要方式，对解决市场就业、维持企业运行和发展具有重要意义。不同企业在劳动雇佣中存在较大差异，陈斌开和陈思宇（2018）利用1999—2017年健康运营的上市公司为样本，研究发现国家控股公司比非国家控股公司雇用了更多的员工。曹书军等（2009）研究发现，公司实际税负越小，企业劳动雇佣规模越大。陈帅和张海鹏（2012）通过规模以上制造企业年度调查数据库，研究了汇率对企业劳动雇佣的影响，研究发现汇率与制造业企业的劳动雇佣规模存在显著的负相关关系，即汇率下降，企业劳动雇佣人数将会增多。从正式制度出发，研究者还发现，企业是否为出口型企业也会影响企业的劳动雇佣。丁从明等（2018）认为，企业是否出口会影响企业劳动雇佣的性别偏好，且企业出口规模越大，其对女性的雇佣偏好越强。

综上可知，企业未来的发展前景和融资约束是决定企业雇佣决策重要的影响因素。当前经济社会中的企业数字化转型不再是通过技术购买完成简单的产品信息数字化和业务流程数字化，而是要结合不断改进的数字技术实现企业业务的转型以及企业价值的增长。相关理论依据和现实案例均表明，企业进行数字化转型的过程，正是对企业原有业务、管理和商业模式的深度重构，会极大程度上改变企业的内在价值和发展前景（Nambisan et al.，2017；Ghasemaghaei and Calic，2019；陈晓红等，2022）。企业数字化转型是影响企业劳动力需求、人力资本升级的一个重要因素。当企业数字化转型程度较高时，意味着企业具有了核心竞争力，将在行业内占据更大的市场份额。一方面，在企业数字化转型过程中，企业需要进行人力资本的升级和扩张，以满足数字化转型的人才需要；另一方面，当企业经营发展更好时，能获得更高的利润率，能满足人力资本升级的资金需求。这就意味着，企业进行数字化转型时既有聘用更多员工的需要，也有聘用更多员工的能力。

陈舜（2020）研究表明当企业面临更大的经营风险和更高的融资成本时，不充足的流动资产储备也无法支持对劳动力资本的大量投入，导致其雇佣员工数量的下降。考虑到企业进行数字化转型可以帮助企业获得核心竞争力和长远发展前景，因此数字化转型降低了企业面临的经营风险。当企业面临较低的经营风险时，其陷入财务困境的可能性降低，此时企业进行雇佣决策时愿意且有能力承担较高的人力风险，可以为了满足经营需要而选择聘用更多劳动力。尤其在当前，我国当前正处于产业结构持续升级、数字经济亟待建设阶段，企业面临劳动力需求以及人力资本结构亟须调整的现实情境。为了在竞争不断加剧的市场中获得更多转型优势，企业会为了尽快完成数字化转型、占据市场份额，选择雇聘用更多的劳动力。

企业数字化转型可以减缓信息不对称程度，有利于企业获得信贷和资本市场服务，比如数字化转型的企业表现出其更好的商业信用，使其获得更大的授信额度，对企业规模的增长有积极作用（张杰等，2013）。数字化转型的企业能通过更丰富的信贷资源来缓解融资约束，而融资约束的缓解可以使企业优化其资本配置，加大对企业长远发展有利的投入。劳动力作为重要的生产要素之一，是企业发展的重要保障和坚实基础。韩瑞栋（2020）认为通过改善企业信贷的可用性，增加企业获得的信贷额度促进信贷配置，可以激励企业良性发展，增大企业对劳动力的需求，从而对就业产生积极作用。因此，企业进行数字化转型可以增强企业对资金的利用率，让企业有更大的灵活性去聘用更多员工，加大企业的劳动力投入（Popov and Rocholl，2018）。由此可见，企业数字化转型一方面可以提升核心竞争力、改善企业长期发展前景，带来更充足的现金流；另一方面，数字化转型可以缓解企业面临的融资约束问题，增加企业的信贷资源，满足资金需求，进而激励企业主动增加对人力资本的投资，提高了企业吸纳就业能力。因此，当企业进行数字化转型时，其资金的可获得性得到提升，且经营风险也大大下降，进而企业有能力加大对劳动力资本的投入，这不仅为企业创造了更有利的发展基础，而且提供了更多的就业机会，促进了劳动力市场的发展（冉渝、盛建，2023）。综上所述，本章提出以下研究假设：

H8-1：企业数字化转型可以扩大企业雇佣规模，增加雇佣员工数量。

基于企业数字化转型增加雇佣员工数量的研究假设，本章提出了企业数字化转型影响企业雇佣决策的两个渠道：一是企业数字化转型过程中扩大了生产规模，增加了劳动力雇佣需求；二是企业数字化转型缓解了融资约束，提升了劳动力雇佣能力。

企业进行数字化转型会改善经营管理效率、降低成本费用，进一步提高其核心竞争力、提升未来发展前景，那么更大的市场占有率意味着消费者对企业商品和服务的需求会增加，而消费者需求增加会直接促使企业扩大生产规模。基于直接影响渠道，一方面诸多研究表明企业数字化转型会通过管理活动和销售活动两条路径提升企业绩效，显著提高了企业全要素生产率，是提升制造业企业生产效率的主要驱动力（戚聿东、杜博、温馨，2021；赵宸宇、王文春、李雪松，2021；韩峰、姜竹青，2023；黄勃等，2023）；另一方面，已有学者发现企业进行数字化转型对企业创新能力和创新产出有着显著的促进作用（沈国兵、袁征宇，2020；冀云阳、周鑫、张谦，2023）。企业创新能力的提高有利于企业提高生产效率，降低生产经营成本，进而促进生产规模扩张。同时，基于已有学者的研究可知，生产规模扩张会增加企业对劳动力的需求（孙伟增、郭冬梅，2021）。基于间接影响渠道，根据信号传递理论，在当前大力推进数字经济建设、推动数实融合的背景下，企业在数字化转型方面实现重大突破会向外界传递积极的信号，使得企业备受关注，声誉也得到提高，声誉的提高会进一步增加消费者对企业商品和服务的需求，进而消费者需求增加直接促使企业扩大生产规模。因此，企业的数字化转型能够通过生产规模扩张效应的渠道增加企业雇佣劳动力的需求，进一步提高企业雇佣劳动力的数量。

企业数字化转型可以提升企业价值和财务稳定性的渠道（王晓红、栾翔宇、张少鹏，2022），降低企业的经营风险，而生产经营效率的提高则进一步改善了信息不对称，进而缓解了企业的融资约束。基于直接渠道，已有研究发现：在股票市场中企业数字化转型显著提升股票市场的流动性，同时带来更高的股票收益率（吴非等，2021；胡海峰、宋肖肖、窦斌，2022）；在信贷市场中，企业数字化转型可以减少代理成本、增强盈利能力，进而降低债务违约风险、降低债务成本（王守海、徐晓彤、刘烨炜，2022；陈中飞、江康奇、殷明美，2022）。更高的股票流动性和股票收益率，以及更低的债务违约风险和债务成本都意味着，企业进行数字化转型可以缓解融资约束，进而提升劳动力雇佣的能力。基于间接渠道，企业数字化转型能够促进企业绿色化转型，可以推动企业从绿色结构化到绿色能力化再到绿色杠杆化的绿色转型发展，企业数字化技术是企业实现绿色生产的重要手段和保障（许宪春、任雪、常子豪，2019；戴翔、杨双至，2022；曹裕等，2023）。因此根据信号传递理论，数字化转型的企业向外界传递了企业将进行保护环境的绿色发展、具有可持续发展能力的积极信号，树立了负责任的企业形象，降低了与投资者之间的信息不对称，缓解了融资约束。而融资约束的缓解可直接降低企业的劳动力雇佣成本，提升企业劳动力雇佣的能力，增加企业的人力资本投资，增加雇佣劳动力的数量（余明桂、王空，2022）。因此，企业数字化转型能够通过融资约束缓解效应提高企业的劳动力雇佣数量。综上所述，本章提出以下研究假设：

H8-2a：存在雇佣需求增加的中介效应，企业数字化转型可以通过扩大生产经营规模、增加企业的劳动力雇佣需求，进而增加雇佣员工数量。

H8-2b：存在雇佣能力提升的中介效应，企业数字化转型可以通过缓解融资约束、提升企业的劳动力雇佣能力，进而增加雇佣员工数量。

当企业使用更多的数字化技术进行转型时，需要聘用更多的高水平人才，以实现企业管理技术和生产技能的变革，因此在企业数字化转型导致劳动力雇佣数量增加的同时，也可能会带来企业内部员工薪酬差距扩大和低技能劳动力被替代的负面效应。当企业引入数字化技术时，通常会带来管理成本的下降和生产效率的提高，导致数字资产相对于劳动力更具有比较优势，因此劳动力尤其是低技能的劳动力就会被数字化技术所取代，挤出效应会导致均衡中的劳动力需求和工资下降。一方面，从要素分配的角度看，企业的薪酬资源是有限的，由于管理层权力的存在，高管有动机在数字化转型时尽可能追逐自身利益，提升高技能员工收入，同时降低低技能员工收入，导致企业内部员工薪酬差距扩大。另一方面，从企业经营的角度看，数字资产的使用有助于加快企业生产的数字化转型，企业愿意在一些数字资产相对于人力更具有比较优势的岗位上实现数字资产对低技能劳动力的替代，从而节约劳动力成本，提高生产效率。而在低技能劳动力供给不变的情况下，低技能劳动力需求下降会降低均衡的工资水平。此外，在雇主和雇员的薪酬谈判中，当低技能劳动力的工作越容易被数字技术挤出时，其议价能力越低，为了获得工作更有可能接受一个较低的工资水平。综上分析，本章提出以下研究假设：

H8-3：企业数字化转型过程中会增加企业内部薪酬差距，数字资产的投入会对劳动力雇佣数量存在挤出效应。

随着全球经济一体化进程加速，上市公司在不同地区进行投资、经营和管理。然而，各地域间的制度环境存在显著差异，包括但不限于公司法、证券法、环保法、劳动法等法律法规以及司法执行效率等方面。这些差异性会对上市公司的治理结构、经营决策、市场准入、合规成本以及投资者保护等方面产生重要影响。习近平总书记主持召开的中央全面依法治国委员会第二次会议强调，"法治是最好的营商环境"。法治环境的优劣决定了市场是否拥有一个良好的营商环境，而企业经营的环境很大程度影响了企业的雇佣规模。

根据制度经济学理论，政企合谋背后的形成逻辑就是保障地方政府与非法企业之间的利益互惠，这是一种典型的制度性现象。在政企合谋的影响机制中，企业所在地区的法治环境起到了关键性作用。此外，法治环境的好坏直接影响了地方政府执法的严格程度。法治文化是中国在长期的发展过程中不断凝聚和沉淀的文化素养，它起源于西周的宗法制度，在我国延续了数千年且长盛不衰。法治文化是中国传统文化的重要部分，它代表了一种重要的经济形态。Clcrcq 等（2010）认为，在中国市场中，法治建设起着影响企业发展的重要作用。Flamholtz（2005）认为，在各国发展中，法治是政府与企业之间的重要纽带，影响着企业与劳动者的劳资关系。地区司法环境对于解决劳资纠纷的效率是影响上市公司雇佣决策的重要因素，高效公正的司法体系可能间接鼓励公司增加员工人数。地方政府的人才引进政策、税收优惠以及法治建设会影响上市公司的招聘行为，这些因素能够吸引并保留更多人才，从而提高企业员工总数。尽管较高的合规成本短期内可能抑制企业雇佣，但一个健全且透明的法治环境长期而言可以提升企业运营效率，增强社会信任度，进而刺激公司增加员工数量。综上分析，本章提出以下研究假设：

H8-4：存在企业外部法治环境的调节效应，企业外部法治环境越好，企业数字化转型过程中对内部薪酬差距的增加越少、数字资产对员工雇佣的挤出效应越小。

8.3　研究设计

8.3.1　数据来源与处理

本章以2007—2023年中国A股上市公司为研究样本，数据来源于中国研究数据服务平台和国泰安数据库。参考已有研究，本章进行了如下处理：（1）剔除处于ST、*ST或PT等异常交易状态的样本数据；（2）剔除金融行业上市公司样本；（3）剔除关键变量缺失的样本；（4）为消除极端值的影响，对所有连续变量按照1%和99%的水平进行缩尾处理，最终共获得46 185个企业-年度样本量。

8.3.2　模型设定与变量选取

（1）雇佣劳动力数量（$lnemploy$）。在现有的国内外研究中，学者对企业劳动雇佣的衡量指标主要有以下四种方法：企业绝对劳动雇佣规模，即企业劳动雇佣人数的自然对数；相对劳动雇佣规模，即企业劳动雇佣人数/总资产或企业劳动雇佣人数/主业收入；雇佣人数的增量规模，即本期较上期增加的劳动雇佣人数的自然对数；超额雇佣规模，该指标需要通过调查问卷、科布道格拉斯函数或多元回归的方法进行估算。曾庆生和阮信元（2006）利用相对雇佣规模和超额雇佣规模衡量企业劳动雇佣。曹书军等（2009）利用绝对劳动雇佣规模、雇佣人数的增量规模以及超额雇佣规模来衡量企业劳动雇佣。本章在衡量企业劳动雇佣的指标方面将借鉴以往文献的衡量方法，并根据数据实际可获得性，进行衡量指标的选取。本章主要选取了绝对劳动雇佣规模，即全部从业人员人数的自然对数。

（2）内部薪酬差距（*Gap*）。参考孔东民等（2017）、柳光强和孔高文（2018）的做法，本章采用高管平均薪酬和普通员工平均工资的比值衡量企业内部薪酬差距。其中，高管平均薪酬等于高管薪酬总额除以管理层规模；普通员工平均工资等于应付职工薪酬总额变化值加上支付给职工以及为职工支付的现金减去高管薪酬总额再除以员工人数。

（3）企业数字化转型（*Dig*）。参考吴非等（2021）、田秀娟和李睿（2022）等人的做法，基于文本挖掘方法利用数字化相关关键词的词汇频率构建企业数字化转型测度指标。本章分别选择上市公司年报以及分析师报告文本，利用以往学者使用的"数字化"词典，计算关键词词频，将词频数加 1 取自然对数，得到企业数字化转型指标。

（4）数字资产（*Dig_asset*）。本章利用当年该上市公司与数字化相关的无形资产占无形资产总数的比例测度企业数字资产的投入占比。

（5）法治环境（*law*）。企业外部法治环境数据来源于《中国分省份市场化指数报告（2021）》中的"市场中介组织的发育和法律制度环境评分"指标的构建法则进行构建。

（6）控制变量。参照已有研究，本章选取以下变量作为企业层面控制变量：资产收益率（*Roa*），以企业净利润与总资产的比值衡量；企业规模（*Size*），将企业总资产取自然对数；资产负债率（*Lev*），以总负债与总资产的比值衡量；年龄（*Age*），将企业成立时长加 1 取自然对数来衡量；账面市值比（*bm*），以企业每年年末总资产与年末总市值的比值来衡量；人均创利率（*ProfitPer*），以企业每年净利润与员工人数的比值来衡量。此外，本章还分别控制了年份固定效应 θ_t，行业固定效应 φ_i，$\varepsilon_{i,t}$ 为模型的随机误差项，回归的标准误均在企业层面聚类。

变量的具体定义见表8-1。

表8-1 变量定义

变量类型	变量符号	变量名称	变量定义
被解释变量	*lnemploy*	企业雇佣员工数量	企业每年年末员工人数取自然对数
	Gap	内部薪酬差距	高管平均薪酬和普通员工平均工资的比值
解释变量	*Dig*	企业数字化转型	基于本章分析方法构建数字化词数+1取自然对数
	Dig_asset	数字资产	数字化资产占无形资产的比例
	law	法治环境	市场中介组织的发育和法律制度环境评分
控制变量	*Roa*	资产收益率	净利润/总资产
	Size	公司规模	总资产取自然对数
	Lev	资产负债率	总负债/总资产
	Age	公司年龄	（公司成立时长+1）取自然对数
	bm	账面市值比	总资产/总市值
	ProfitPer	人均创利率	净利润/员工人数

8.3.3 模型设定

为探究企业数字化转型对企业的就业吸纳能力的影响，本章设定以下基本回归模型：

$$lnemploy_{i,\,t+1} = \alpha + \beta Dig_{i,\,t} + \lambda X + \theta_t + \varphi_i + \gamma_{i,\,t} + \varepsilon_{i,\,t+1} \tag{8-1}$$

其中，i 和 t 分别表示企业和年份；被解释变量 $lnemploy_{i,\,t+1}$ 表示企业雇佣员工数量，用上市公司每年年末的员工人数的自然对数衡量；核心解释变量 $Dig_{i,\,t}$ 表示企业数字化转型程度。为了尽可能缓解内生性问题，本章将核心解释变量和控制变量均使用滞后一期项。X 表示控制变量，参照既有研究，本章在模型中加入企业规模、总资产收益率、企业年龄等变量。此外，本章还控制了企业固定效应、年份固定效应和行业固定效应，$\varepsilon_{i,\,t+1}$ 为随机误差项，在企业层面进行聚类。若模型（8-1）中的 β 显著为正，则与本章的预期相符。

为探究企业数字化转型对就业吸纳能力的雇佣需求增加作用，本章设定以下回归模型：

$$Sale_{i,\,t} = \alpha + \beta Dig_{i,\,t} + \lambda X + \theta_t + \varphi_i + \gamma_{i,\,t} + \varepsilon_{i,\,t} \tag{8-2}$$

$$lnemploy_{i,\,t+1} = \alpha + \beta_1 Dig_{i,\,t} + \beta_2 Sale_{i,\,t} + \lambda X + \theta_t + \varphi_i + \gamma_{i,\,t} + \varepsilon_{i,\,t+1} \tag{8-3}$$

其中，i 和 t 分别表示企业和年份，为检验企业数字化转型的生产规模效应，本章参考已有学者（孙伟增、郭冬梅，2021；王锋、葛星，2022；毛其淋、王玥清，2023）的做法，采用企业的营业收入来衡量企业的生产规模，并对营业收入取对数处理。被解释变量 $Sale_{i,\,t}$ 表示企业生产经营规模，核心解释变量 $Dig_{i,\,t}$ 表示企业数字化转型程度。若模型（8-2）中的 β 显著为正，模型（8-3）中 β_1 和 β_2 显著为正时，则与本章的预期相符。

为探究企业数字化转型对就业吸纳能力和雇佣能力的提升作用，本章设定以下回归模型：

$$WW_{i,\,t} = \alpha + \beta Dig_{i,\,t} + \lambda X + \theta_t + \varphi_i + \gamma_{i,\,t} + \varepsilon_{i,\,t} \tag{8-4}$$

$$lnemploy_{i,\,t+1} = \alpha + \beta_1 Dig_{i,\,t} + \beta_2 WW_{i,\,t} + \lambda X + \theta_t + \varphi_i + \gamma_{i,\,t} + \varepsilon_{i,\,t+1} \tag{8-5}$$

其中，i 和 t 分别表示企业和年份，为检验企业数字化转型的融资约束效应，本章参考已有学者的做法，采用 WW 指数来衡量企业的融资约束，WW 指数越高则说明企业面临的融资约束越强。若模型（8-4）中的 β 显著为负，模型（8-5）中 β_1 和 β_2 分别显著为正、为负时，则与本章的预期相符。

为探究企业数字化转型对企业内部员工薪酬差距的影响，本章设定以下回归模型：

$$Gap_{i,\,t+1} = \alpha + \beta Dig_{i,\,t} + \lambda X + \theta_t + \varphi_i + \gamma_{i,\,t} + \varepsilon_{i,\,t+1} \tag{8-6}$$

其中，i 和 t 分别表示企业和年份，被解释变量 $Gap_{i,\,t}$ 表示企业内部员工薪酬差距，核心解释变量 $Dig_{i,\,t}$ 表示企业数字化转型程度。为了尽可能缓解内生性问题，本章将核心解释变量和控制变量均使用滞后一期项。X 表示控制变量。参照既有研究，本章在模型中加入企业规模、总资产收益率、企业年龄等变量。此外，本章还控制了企业固定效应、年份固定效应和行业固定效应。$\varepsilon_{i,\,t+1}$ 为随机误差项，在企业层面进行聚类。若模型（8-6）中的 β 显著为正，则与本章的预期相符。

为探究企业数字资产占比对企业劳动力雇佣数量的挤出效应，本章设定以下回归模型：

$$lnemploy_{i,\,t+1} = \alpha + \beta Dig\_asset_{i,\,t} + \lambda X + \theta_t + \varphi_i + \gamma_{i,\,t} + \varepsilon_{i,\,t+1} \tag{8-7}$$

核心解释变量 $Dig\_asset_{i,\,t}$ 表示企业数字资产占比。若模型（8-7）中的 β 显著为负，则与本章的预期相符。

为探究外部法治环境对企业数字化转型影响企业内部员工薪酬差距的调节效应，本章设定以下回归模型：

$$Gap_{i,\,t+1} = \alpha + \beta_1 Dig_{i,\,t} + \beta_2 D\_law_{i,\,t} \times Dig_{i,\,t} + \lambda X + \theta_t + \varphi_i + \gamma_{i,\,t} + \varepsilon_{i,\,t+1} \tag{8-8}$$

其中，$D\_law_{i,\,t}$ 为哑变量。其具体构建过程如下，将外部法治环境连续变量分年度计算平均值，若该企业所处地区的法治环境指标大于平均值，则取值为1，否则取值为0。若模型（8-8）中的 β_1 和 β_2 分别显著为正、为负时，则与本章的预期相符。

为探究外部法治环境对企业数字资产占比挤出企业劳动力雇佣数量的影响，本章设定以下回归模型：

$$lnemploy_{i, t+1} = \alpha + \beta_1 Dig\_asset_{i, t} + \beta_2 D\_law_{i, t} \times Dig\_asset_{i, t} + \lambda X + \theta_t +$$
$$\varphi_i + \gamma_{i, t} + \varepsilon_{i, t+1} \tag{8-9}$$

其中，核心解释变量 $Dig\_asset_{i, t}$ 表示企业数字资产占比。若模型（8-9）中的 β_1 和 β_2 分别显著为负、为正时，则与本章的预期相符。

8.4　实证结果与分析

8.4.1　描述性统计

表8-2给出了变量的描述性统计结果。被解释变量企业雇佣员工数量的均值为6 190.2101，最小值为9，最大值为703 504，与现有研究结果基本符合，说明企业对劳动力的需求在不同企业之间存在较大差异。被解释变量员工薪酬差距的均值为12.9835，中位数是13.0234，最小值是5.1895，最大值是17.2799，表示企业内部员工薪酬差距在不同企业间的差异性较大。企业数字化转型和企业数字资产的标准差分别为1.3759和0.2526。企业规模、资产收益率以及资产负债表等控制变量也都符合以往文献研究的数据分布。

表8-2　　　　　　　　　　　描述性统计结果

变量	样本量	均值	中位数	标准差	最小值	最大值
员工人数	46 128	6 190.2101	1 755	24 495.0960	9	703 504
Gap	39 249	12.9835	13.0234	0.974	5.1895	17.2799
Dig	46 185	2.862	2.8904	1.3759	0	9.5875

变量	样本量	均值	中位数	标准差	最小值	最大值
Dig_asset	39 930	0.1336	0.0287	0.2526	0	1
law	30 822	11.6132	11.61	3.6547	0.46	18.974
Roa	45 450	0.5629	0.036	110.3358	−51.9468	23 509.7695
Size	45 450	22.1194	21.8754	1.5252	10.8422	31.4309
Lev	45 449	0.4709	0.4198	1.6551	−0.1947	178.3455

8.4.2 基准回归

表 8-3 报告了基于模型（8-1）的回归结果，即企业数字化转型对企业雇佣员工数量的影响效应。第（1）列未添加任何控制变量，结果显示企业数字化转型的系数为 0.1907，在 1% 水平显著为正。但是，这一回归结果可能存在遗漏变量偏误，为此，第（2）列在此基础上进一步添加企业层面的多个控制变量，以及行业年份控制变量，企业数字化转型的系数为 0.0369，仍在 1% 水平显著为正。具体而言，当企业数字化转型程度每增加一个单位，企业的劳动力需求将提高 0.0369。上述结果表明：企业进行数字化转型对企业雇佣员工数量有显著的正向影响，验证了本章的研究假设 8-1。控制变量的回归结果与已有研究的结论一致，企业的规模、成立年份和账面市值比对企业雇佣员工数量都有显著积极影响。此外，劳动力成本与企业资产负债率之间存在显著的负相关关系，与已有相关研究结果和现实情况一致，对此可能的解释是企业的资产负债率越高，企业的融资约束就越大，为了控制整体的经营风险，导致企业对劳动力的需求下降。

表 8-3 　　　　　　　　　　　基准回归结果

被解释变量 解释变量	（1）	（2）
	lnemploy	*lnemploy*
Dig	0.1907***	0.0369***
	(58.70)	(9.45)
Roa		0.0000
		(0.43)
Size		0.6010***
		(118.91)
Lev		−0.0087***
		(−4.47)
Age		0.0633***
		(8.59)
bm		0.0736***
		(7.09)
ProfitPer		0.0000
		(1.38)
常数项	7.0843***	−5.2294***
	(750.26)	(−38.23)
行业固定效应	未控制	已控制
年份固定效应	未控制	已控制
样本量	39 919	39 139
R^2	0.09	0.40

注：***、** 和*分别表示在1%、5%和10%水平上显著；括号内为t值。

8.4.3 稳健性检验

为了进一步验证回归结果的稳健性，本章替换了构建解释变量企业数字化转型使用的文本。为避免企业年报数据可能存在的主观性问题，本章将使用分析师报告的文本对企业数字化转型程度进行测度，由于分析师报告文本的样本期为2015—2023年，因此该稳健性检验的样本期为2015—2023年。本章还替换了解释变量的构建方法，使用关键词所在句子出现次数测度企业数字化转型程度，具体来说，是将句子数加1取自然对数，得到企业数字化转型替换指标（Dig1）。

回归结果见表8-4：第（1）列显示，基于分析师报告文本构建的企业数字化转型程度系数为0.0073，系数在1%水平上显著为正，说明对企业劳动力雇佣具有正向积极影响；第（2）列表明，基于数字化句子数构建的数字化转型指标的系数为0.0428，在1%的水平上有显著的正向影响，会提升企业劳动力需求。这与本章基础回归的逻辑一致，再一次验证了研究假设8-1，即企业数字化转型与企业雇佣员工数量之间是显著正相关的。

表8-4　　　　　　　　　　稳健性检验结果

解释变量 ＼ 被解释变量	(1)	(2)
	lnemploy	*lnemploy*
Dig	0.0073***	
	(3.94)	
*Dig*1		0.0428***
		(10.29)
Roa	0.5885***	0.0000
	(10.76)	(0.43)

被解释变量 解释变量	（1） lnemploy	（2） lnemploy
Size	0.4179***	0.6002***
	(47.48)	(118.81)
Lev	0.0256	−0.0087***
	(0.80)	(−4.48)
Age	0.1145***	0.0635***
	(11.60)	(8.61)
bm	2.8224***	0.0738***
	(9.34)	(7.11)
ProfitPer	−0.0000	0.0000
	(−1.55)	(1.38)
常数项	7.0843***	−5.2158***
	(750.26)	(−38.14)
行业固定效应	已控制	已控制
年份固定效应	已控制	已控制
样本量	12 877	39 130
R^2	0.40	0.42

注：***、** 和*分别表示在 1%、5%和10%水平上显著；括号内为t值。

8.4.4 企业数字化转型影响劳动力雇佣数量的机制分析

为了考察企业数字化转型是否存在扩大生产规模、增加雇佣需求的中介效应，本章参考毛其淋和王玥清（2023）的做法，采用企业的营业收入来衡量企业的生产规模（*Lnyysr*）。本章对模型（8-2）、（8-3）进行了回归分析，系数的估计结果见表8-5。由表8-5中第（1）列可知，企业数字化转型的回归系数为0.073，且在1%水平上显著为正，这说明企业数字化转型程度提高会扩大企业的生产规模，改善企业经营绩效。表8-5中第（2）列显示企业生产规模的回归系数为0.2554，且在1%水平上通过了显著性检验。这表明，企业进行数字化转型有效改善了公司的经营管理，扩大了生产规模。在生产规模扩大的过程中，企业的劳动力雇佣需求增加，因此雇佣员工数量增加。综上，基于劳动力需求的视角，企业数字化转型存在生产规模效应，进而增加了劳动力雇佣数量，这一结果支持了本章的研究假设8-2a。

表8-5　企业数字化转型影响劳动力雇佣数量的雇佣需求机制分析

被解释变量 解释变量	（1） Sale	（2） lnemploy
Dig	0.0073***	
	（3.94）	
Sale	0.0443***	0.2554***
	（12.95）	（44.84）
Roa	−0.0017***	−0.0019***
	（−5.56）	（−6.22）
Size	0.9193***	0.3828***
	（209.66）	（53.61）
Lev	−0.0174***	−0.0089***
	（−9.08）	（−4.40）
Age	0.0231***	0.0542***
	（3.72）	（7.61）
bm	1.0241***	1.2205***
	（5.86）	（6.68）
ProfitPer	−0.0000***	0.0000***
	（−7.26）	（3.72）

被解释变量 / 解释变量	（1）	（2）
	Sale	*lnemploy*
常数项	7.0843***	−5.7307***
	(750.26)	(−42.34)
行业固定效应	已控制	已控制
年份固定效应	已控制	已控制
样本量	45 268	39 112
R^2	0.71	0.44

注：***、** 和*分别表示在 1%、5% 和 10% 水平上显著；括号内为 t 值。

为了考察企业数字化转型是否存在缓解融资约束、提高雇佣能力的中介效应，本章参考已有文献（刘莉亚等，2015；陈作华、方红星，2018）的做法，采用 WW 指数来衡量企业的融资约束。本章对模型（8-4）、（8-5）进行了回归分析，系数的估计结果见表 8-6。由表 8-6 中第（1）列可知，企业数字化转型的回归系数为−0.0085，且在 5% 水平上显著为正，这说明企业进行数字化转型有效缓解了公司的融资约束，提高了融资能力。表 8-6 中第（2）列显示企业融资约束的回归系数为−0.0116，且在 10% 水平上通过了显著性检验。这表明，企业进行数字化转型提高了企业的融资能力，可以更好地保障未来的生产经营的稳定性，降低了公司的经营风险。当企业的融资能力增强时，未来陷入财务困境的可能性大大下降，那么此时企业是愿意承担更多的人力成本的，因此企业的劳动力雇佣能力提高，雇佣员工数量增加。综上，基于劳动力需求的视角，企业数字化转型存在缓解融资约束效应，进而增加了劳动力雇佣数量，这一结果支持了本章的研究假设 8-2b。

表8-6 企业数字化转型影响劳动力雇佣数量的雇佣能力机制分析

解释变量 \ 被解释变量	（1） *WW*	（2） *lnemploy*
Dig	-0.0085**	
	(-2.45)	
WW	0.0015	-0.0116*
	(1.38)	(-1.76)
Roa	-0.0710***	-0.0126***
	(-15.51)	(-10.01)
Size	0.0024	0.5921***
	(0.78)	(107.04)
Lev	0.0061	-0.0412***
	(0.93)	(-11.27)
Age	-0.8366	0.0851***
	(-1.35)	(10.18)
bm	-0.0000	7.6255***
	(-1.33)	(10.35)
ProfitPer	-0.0085**	-0.0000***
	(-2.45)	(-7.76)
常数项	0.5649***	-5.3155***
	(4.50)	(-45.45)
行业固定效应	已控制	已控制
年份固定效应	已控制	已控制
样本量	39 663	34 015
R^2	0.01	0.38

注：***、**和*分别表示在1%、5%和10%水平上显著；括号内为t值。

8.4.5 企业数字化转型对劳动力雇佣的负面影响

企业的数字化转型过程重塑了企业的生产经营模式，为了进一步探究企业数字化转型对企业雇佣决策的影响，本章基于企业内部员工薪酬差距和低技能劳动力挤出效应的研究视角，剖析企业数字化转型是否对劳动力雇佣带来负面影响。本章对模型（8-6）进行了回归分析，系数的估计结果见表8-7。由表8-7中第（1）列可知，企业数字化转型的回归系数为0.0359，且在1%水平上显著为正，这说明企业进行数字化转型程度越大，企业内部员工薪酬差距越大。这表明，虽然企业进行数字化转型过程中雇佣员工数量增加，但增加的更多是高技能高薪酬的人才，由于低技能劳动力在企业数字化转型过程中具有较高的可替代性，因此其谈判能力下降，导致企业愿意支付给低技能劳动力的薪酬进一步下降，企业内部收入分配失衡。综上，企业数字化转型导致员工薪酬差距扩大，加剧了内部收入分配失衡问题，这一结果支持了本章的研究假设8-3。

本章对模型（8-7）进行了回归分析，系数的估计结果见表8-7。由表8-7中第（2）列可知，企业数字资产的回归系数为-0.0849，且在1%水平上显著，这说明企业对数字资产投入越多，企业劳动力雇佣数量越少。这表明，企业进行数字化转型导致企业内部贫富差距增加，数字化智能化的生产设备可以实现更低的经营成本以及更高的生产效率，还导致低技能低收入的劳动力被数字资产挤出，企业雇佣劳动力的需求下降。综上，企业数字资产的使用会导致劳动力被挤出，这一结果支持了本章的研究假设8-3。

表 8-7　　企业数字化转型对劳动力雇佣的负面影响分析

被解释变量 ＼ 解释变量	（1）Gap	（2）lnemploy
Dig	0.0359***	
	(7.30)	
Dig_asset		−0.0849***
		(−4.69)
Roa	0.0129***	0.2241***
	(2.67)	(10.16)
Size	0.2348***	0.5979***
	(35.14)	(104.17)
Lev	−0.0315***	−0.0438**
	(−6.12)	(−2.53)
Age	−0.0787***	0.0817***
	(−8.16)	(11.13)
bm	0.8921**	19.3089***
	(2.15)	(11.97)
ProfitPer	−0.0000**	−0.0000***
	(−2.40)	(−13.31)
常数项	7.2089***	−5.2849***
	(45.06)	(−30.85)
行业固定效应	已控制	已控制
年份固定效应	已控制	已控制
样本量	33 739	32 304
R^2	0.35	0.41

注：***、** 和*分别表示在 1%、5% 和 10% 水平上显著；括号内为 t 值。

为了进一步剖析数字资产对企业雇佣员工数量的挤出效应，本章在模型（8-7）的基础上，分别加入了数字资产与超额雇员率、员工密度和产权性质的交互项，以及超额雇员率、员工密度指标、产权性质。其中，超额雇员率和员工密度指标处理为哑变量，具体来说，将超额雇员率和员工密度连续变量分年度行业计算平均值，若该企业的超额雇员率和员工密度指标连续指标大于平均值，则取值为1，否则取值为0。此外，产权性质取1时企业为国有企业（state），取值为0时企业为非国有企业。表8-8的回归结果显示，数字资产与超额雇员率交互项的估计系数显著为负，说明当企业存在劳动力雇佣超额情况时，数字资产对企业雇佣员工数量挤出效应影响更大。数字资产与员工密度交互项的估计系数显著为正，说明当企业属于劳动力密集经营模式时，数字资产对企业雇佣员工数量挤出效应影响较小。数字资产与产权性质交互项的估计系数显著为负，说明当企业属于国有企业时，数字资产对企业雇佣员工数量挤出效应影响更显著。

表8-8　　企业数字化转型对劳动力雇佣负面影响的调节效应

解释变量＼被解释变量	(1)	(2)	(3)
	lnemploy	lnemploy	lnemploy
Dig_asset	−0.0468*	−0.1114***	−0.0826***
	(−1.77)	(−5.42)	(−3.81)
Over_emp×Dig_asset	−0.0647**		
	(−2.35)		
Over_emp	0.2652***		
	(31.03)		
Emp_Intensity×Dig_asset		0.0565**	
		(2.08)	

被解释变量 解释变量	（1） lnemploy	（2） lnemploy	（3） lnemploy
Emp_Intensity		0.2079***	
		（27.09）	
state×Dig_asset			−0.1705***
			（−5.16）
state			0.0533***
			（3.32）
Roa	0.2519***	0.2608***	0.2481***
	（11.51）	（11.87）	（10.98）
Size	0.6252***	0.6174***	0.5803***
	（110.23）	（108.97）	（101.51）
Lev	−0.0477***	−0.0401**	−0.0413**
	（−2.80）	（−2.35）	（−2.35）
Age	0.0768***	0.0852***	0.0848***
	（10.60）	（11.71）	（11.25）
bm	20.2602***	19.4328***	18.3446***
	（12.70）	（12.15）	（11.11）
ProfitPer	−0.0000***	−0.0000***	−0.0000***
	（−13.05）	（−13.23）	（−13.61）
常数项	−6.0229***	−5.7388***	−5.0677***
	（−42.76）	（−40.90）	（−41.58）
行业固定效应	已控制	已控制	已控制
年份固定效应	已控制	已控制	已控制
样本量	32 304	32 304	31 887
R^2	0.41	0.41	0.38

注：***、** 和*分别表示在 1%、5%和10%水平上显著；括号内为 t 值。

8.4.6 外部法治环境的调节效应

前文研究表明，企业数字化转型过程中在增加劳动力雇佣数量的同时，也会带来企业内部员工薪酬差距扩大、数字资产对低技能劳动力挤出等问题。为解决这些负面影响，本章接下来对模型（8-8）和模型（8-9）进行回归分析，系数的估计结果见表8-9。由表8-9中第（1）列可知，企业数字化转型与外部法治环境哑变量交互项的回归系数为-0.0134，且在5%水平上显著，这说明当数字化转型程度相同时，企业所处地区的法治环境越好，企业内部员工薪酬差距越小。这意味着企业外部法治环境可以缓解数字化转型带来的收入分配不均衡问题，这一结果支持了本章的研究假设8-4。由表8-9中第（2）列可知，企业数字资产与外部法治环境哑变量交互项的回归系数为0.0486，且在5%水平上显著，这说明当数字资产投入相同时，企业所处地区的法治环境越好，企业内部员工薪酬差距越小。这意味着企业外部法治环境可以缓解数字资产的使用对低技能劳动力的挤出问题，这一结果支持了本章的研究假设8-4。由此可见，良好的外部法治环境可以有助于劳动力市场的稳定。

表8-9 　　　　　　　　　　　　**法治环境的调节效应分析**

解释变量 ＼ 被解释变量	（1） *Gap*	（2） *lnemploy*
Dig	0.0378***	
	(6.84)	
Dig × *D_law*	−0.0134**	
	(−2.13)	
Dig_asset		−0.1181***
		(−5.56)

被解释变量 解释变量	（1） *Gap*	（2） *lnemploy*
Dig_asset × D_law		0.0486**
		(2.24)
Roa	0.0126***	0.2264***
	(2.61)	(10.15)
Size	0.2383***	0.5985***
	(35.19)	(104.48)
Lev	−0.0282***	−0.0502***
	(−5.40)	(−2.89)
Age	−0.0772***	0.0782***
	(−7.95)	(10.58)
bm	0.8668**	18.6384***
	(2.06)	(11.46)
ProfitPer	−0.0000***	−0.0000***
	(−2.65)	(−13.40)
常数项	7.2369***	−5.2884***
	(39.26)	(−37.27)
行业固定效应	已控制	已控制
年份固定效应	已控制	已控制
样本量	33 739	32 304
R^2	0.35	0.39

注：***、** 和*分别表示在1%、5%和10%水平上显著；括号内为t值。

8.5 法治环境对劳动力市场的治理作用及内在机制分析

8.5.1 理论分析与假设提出

现有文献较少从地区法治的角度研究企业劳动雇佣。企业的运行离不开具体的文化环境，法律文化是将个体和企业连接在一起的纽带，正式契约则是法律联系个体与企业的方式，并作用于企业的劳动雇佣。尽管已有很多文献对企业劳动雇佣进行研究，但以往的研究都是分析具体政策制度对企业劳动雇佣的影响，并没有学者提出外部法治环境建设对企业劳动雇佣的影响。

20世纪初期，康芒斯等制度学派研究人员开始关注制度因素，并通过研究发现制度能够对社会与企业经济效益带来积极作用。新制度经济学家进一步提出制度的含义，认为制度是某特定组织内规范和约束组织成员行为的规定，具有激励和约束两项主要功能。在特定的组织内，制度通过物质或非物质方式满足个体的不同需求，提高组织内个体与集体利益之间的契合度，促进信息流通。除此之外，制度通过在组织内部形成"社会控制"和相互监督的氛围约束组织成员不符合群体要求的越轨行为。从制度组成部分看，规范管理者行为的方式包括正式制度控制与非正式制度控制，其中正式制度控制又称为正式制度，通过明文规定的、强制的方式发挥作用，如法律、正式合约等，而非正式控制主要是约定俗成的、没有具体的强制要求的价值观等方式发挥作用，如企业文化、道德观念等。正处于经济转型期的我国，各个地区经济发展水平和法治环境同样存在着不同程度的差异，对于法治环境较完善的地区意味着较诚信的市场经济和高素质的劳动力，企业预算过程中管理者也面临着较强的约束，因此，管理者做出不道德行为的机会和空间较小；而在法治环境较落后的地区，管理者有更多动机做出不道德的行为。

任何单位或组织不能脱离某一特定的社会而存在。因此，企业在生产与发展过程中必然会受到外部环境的影响。早在 1977 年，著名研究者 Meyer 以制度主义理论视角提出，企业在研究其自身的行为时必须足够重视企业以外的外部环境因素，并将其纳入考虑范围之内。预算便是企业有效分配和高效运用资源的重要行为，因此，当企业制定和执行自身的预算目标时，法治环境就是最好的商业环境。从企业角度而言，法治环境是指其在社会实践和日常经营活动过程中所遵守的各种成文规则、条件构成的社会背景或特定情境，其作用主要体现在两个方面：实施与监督。因此，评价一个地方法治环境水平是否完善主要是看该地区的利益相关人的利益是否在法律实施和监督过程中得到了充分的保障，但是，各个地区的文化背景不同会导致法律发挥的作用也存在一定的差异，在法治环境完善的地区，能对企业起到较好的监督和约束作用；而在法治环境较落后的地区，无法通过强制方式对企业行为发挥作用，会导致企业内部管理者钻制度的空子，在预算目标执行过程中利用自身的信息优势做出预算卸责等不正当的行为，此时可能就需要通过文化等隐形的方式引导和约束管理者行为。

H8-5：外部法治环境对企业雇佣劳动力数量具有显著的促进作用。

一方面，外部法治环境可能存在促进资金流动性的积极作用。企业是否具备充足资金影响着企业规模的扩大，而地方法治建设保障了企业的应收账款的回流以及降低了因法治不健全而额外支付的费用从而积累了资金，能够更好地促进资金流动性，因此，本章认为地方法治建设增加了企业的资金流动性从而得以扩大企业规模。另一方面，外部法治环境可以有效缓和劳资关系。地方法治建设有助于降低信息不对称，保障就业等弱势群体的利益，在明确的契约引导下，避免了劳资纠纷，从而提升了就业者与企业间的信息透明度。为此，本章认为地方法治建设降低了企业的劳资纠纷从而得以扩大企业规模。综上分析，本章提出以下研究假设：

H8-6：企业外部法治环境对劳动力雇佣的促进作用存在改善资金流动性和降低劳资纠纷两个中介效应。

8.5.2 模型设定

为检验研究假设8-5，本章使用如下模型进行检验。

首先，为了分析外部法治环境对企业雇佣规模的影响，基准回归采用固定效应模型，回归模型设定如下式所示：

$$lnemploy_{i,t} = \beta_0 + \beta_1 law_{i,t} + \lambda X + u_i + \delta_t + \varepsilon_{i,t} \tag{8-10}$$

其中，$lnemploy_{i,t}$ 为企业的雇佣人数取对数；$law_{i,t}$ 为企业 i 所在城市的法治建设水平；企业层面控制变量包含资产收益率、资产负债率、有形资产占比、企业成长性、企业年龄、托宾 Q 值；u_i 为行业固定效应；δ_t 为年份固定效应；$\varepsilon_{i,t}$ 为随机误差项。β_1 是本章关注的核心系数，表示外部法治环境对企业雇佣规模影响的程度。

其次，为了检验外部法治环境的资金流动性中介效应，本章设计如下模型进行回归：

$$lnemploy_{i,t} = \beta_0 + \beta_1 law_{i,t} + \lambda X + u_i + \delta_t + \varepsilon_{i,t} \tag{8-11}$$

$$Cashflow_{i,t} = \beta_0 + \beta_1 law_{i,t} + \lambda X + u_i + \delta_t + \varepsilon_{i,t} \tag{8-12}$$

$$lnemploy_{i,t} = \beta_0 + \beta_1 law_{i,t} + \beta_2 Cashflow_{i,t} + \lambda X + u_i + \delta_t + \varepsilon_{i,t} \tag{8-13}$$

其中，$lnemploy_{i,t}$ 为企业的雇佣人数取取对数；$law_{i,t}$ 为企业 i 所在城市的法治建设水平；企业层面控制变量包含资产收益率、资产负债率、有形资产占比、企业成长性、企业年龄、托宾 Q 值；$Cashflow_{i,t}$ 为企业的现金流比率。β_1 和 β_2 是本章关注的核心系数。

再次，为了检验外部法治环境的劳资关系中介效应，本章设计如下模型进行回归：

$$lnemploy_{i,\,t} = \beta_0 + \beta_1 law_{i,\,t} + \lambda X + u_i + \delta_t + \varepsilon_{i,\,t} \qquad (8\text{-}14)$$

$$labor_{i,\,t} = \beta_0 + \beta_1 law_{i,\,t} + \lambda X + u_i + \delta_t + \varepsilon_{i,\,t} \qquad (8\text{-}15)$$

$$lnemploy_{i,\,t} = \beta_0 + \beta_1 law_{i,t} + \beta_2 labor_{i,\,t} + \lambda X + u_i + \delta_t + \varepsilon_{i,\,t} \qquad (8\text{-}16)$$

其中，$lnemploy_{i,\,t}$为企业的雇佣人数取对数；$law_{i,\,t}$为企业 i 所在城市的法治建设水平；企业层面控制变量包含资产收益率、资产负债率、有形资产占比、企业成长性、企业年龄、托宾 Q 值；$labor_{i,\,t}$为企业的劳资纠纷案金额取对数。β_1和β_2是本章关注的核心系数。

8.5.3　回归分析

表 8-10 报告了基准回归中外部法治环境对企业雇佣规模的估计结果。第（1）列为外部法治环境对企业雇佣规模的基础回归，未进行年份固定效应和行业固定效应，未进行控制变量的控制，回归结果通过了 1% 的显著性水平检验，回归系数为正，系数为 0.0063，表明外部法治环境对企业雇佣规模的影响具有促进作用。第（2）列在第（1）列的基础上，进行了年份固定效应和行业固定效应的控制，且加入了盈利能力、资产负债率的控制，回归结果通过了 1% 的显著性水平检验，回归系数为正，系数为 0.0203，表明外部法治环境对企业雇佣规模的影响具有促进作用。第（3）列在第（2）列的基础上，进行了有形资产占比、企业成长能力的控制，回归结果通过了 1% 的显著性水平检验，回归系数为正，系数为 0.0261，表明外部法治环境对企业雇佣规模的影响具有促进作用。第（4）列在第（3）列的基础上，进行了企业年龄、托宾 Q 值的控制，回归结果通过了 1% 的显著性水平检验，回归系数为正，系数为 0.0291。第（5）列进行了全部控制

变量的控制且固定了年份固定效应和行业固定效应，回归结果通过了1%的显著性水平检验，回归系数为正，系数为0.0100，为本章的基准结果。综上，外部法治环境对企业雇佣规模的影响具有促进作用。

表8-10　　　　　　　外部法治环境对企业雇佣规模回归结果

解释变量 ＼ 被解释变量	（1）lnemploy	（2）lnemploy	（3）lnemploy	（4）lnemploy	（5）lnemploy
law	0.0063***	0.0203***	0.0261***	0.0291***	0.0100***
	（3.20）	（12.27）	（15.63）	（12.77）	（4.48）
Roa		3.7998***	3.9737***	4.0055***	4.8072***
		（40.02）	（40.27）	（41.17）	（53.98）
Lev		3.7429***	3.7176***	3.6109***	2.7295***
		（119.51）	（118.02）	（114.51）	（86.53）
FIXED			0.7551***	0.6791***	0.3601***
			（19.44）	（17.66）	（8.79）
Growth			−0.0432***	−0.0308**	−0.0057
			（−2.76）	（−1.98）	（−0.40）
Age				−0.0089***	−0.4182***
				（−3.57）	（−66.59）
TobinQ				−0.0821***	−0.0889***
				（−36.28）	（−42.92）
常数项	22.1301***	20.2678***	20.0547***	38.2398***	863.9157***
	（925.39）	（790.02）	（722.18）	（7.62）	（68.23）

解释变量 \ 被解释变量	(1)	(2)	(3)	(4)	(5)
	lnemploy	*lnemploy*	*lnemploy*	*lnemploy*	*lnemploy*
行业固定效应	未控制	已控制	已控制	已控制	已控制
年份固定效应	未控制	已控制	已控制	未控制	已控制
样本量	33 869	33 868	33 851	33 360	33 360
R^2	0.00	0.30	0.31	0.33	0.47

注：***、** 和*分别表示在 1%、5% 和10% 水平上显著；括号内为t值。

基准回归结果表明，外部法治环境对企业雇佣规模的影响具有促进作用。但为了排除混淆因素对研究结论的干扰，仍需进行一系列稳健性检验。本章从替换解释变量和被解释变量、排除研究样本期间其他政策的干扰等多个维度进行分析，以确保估计结果的稳健性。

不同标准下的企业规模会因企业资产而不同，为此，本章采用相对劳动雇佣规模即企业劳动雇佣人数/总资产替换企业的绝对雇佣规模进行稳健性检验（见表 8-11）。第（1）列为外部法治环境对企业相对雇佣规模的单纯回归，未进行年份固定效应和行业固定效应，未进行控制变量的控制，回归结果通过了 1% 的显著性水平检验，回归系数为正，系数为 0.0152。第（2）列进行了资产收益率、资产负债率、有形资产占比、企业成长性、企业年龄、托宾 Q 值等控制变量的控制且固定了年份固定效应和行业固定效应，回归结果通过了 1% 的显著性水平检验，回归系数为正，系数为 0.0149，综上，外部法治环境对企业相对雇佣规模的影响具有促进作用。

表 8-11　　　　　　　　相对劳动雇佣规模的稳健性检验

解释变量 \ 被解释变量	（1）lnemploy	（2）lnemploy	（3）lnemploy	（4）lnemploy
law	0.0152***	0.0149***	0.0375***	0.0045*
	(7.92)	(6.06)	(12.75)	(1.92)
Roa		5.0786***		4.7307***
		(51.76)		(51.12)
Lev		2.6486***		2.6132***
		(76.20)		(78.45)
FIXED		1.3003***		0.0733*
		(28.82)		(1.65)
Growth		−0.1248***		0.0202
		(−8.01)		(1.37)
Age		−0.3092***		−0.4722***
		(−44.69)		(−67.24)
TobinQ		−0.0847***		−0.1154***
		(−37.12)		(−46.50)
常数项	7.7207***	629.4559***	22.5786***	973.0854***
	(331.88)	(45.12)	(649.39)	(68.73)
行业固定效应	未控制	已控制	已控制	已控制
年份固定效应	未控制	已控制	已控制	已控制
样本量	33 353	33 353	26 561	26 130
R^2	0.00	0.34	0.16	0.50

注：***、** 和*分别表示在 1%、5% 和 10% 水平上显著；括号内为 t 值。

外部法治环境的建设对于企业的雇佣规模传导效应需要较长时间，且外部法治环境建设具有滞后性。为了进一步检验结果的稳健性，本章使用滞后一期的外部法治环境对企业雇佣规模进行回归分析。表8-11中的第（3）列为滞后一期外部法治环境对企业相对雇佣规模的基础回归，进行了年份固定效应和行业固定效应，未进行控制变量的控制，回归结果通过了1%的显著性水平检验，回归系数为正，系数为0.0375。第（4）列进行了资产收益率、资产负债率、有形资产占比、企业成长性、企业年龄、托宾Q值等控制变量的控制且固定了年份固定效应和行业固定效应，回归结果通过了10%的显著性水平检验，回归系数为正，系数为0.0045。综上，外部法治环境对企业相对雇佣规模的促进作用稳健。

接下来进行资金流动性机制分析（见表8-12）。第（1）列进行了资产收益率、资产负债率、有形资产占比、企业成长性、企业年龄、托宾Q值等控制变量的控制且固定了年份固定效应和行业固定效应，回归结果通过了1%的显著性水平检验，回归系数为正，系数为0.0010，表明外部法治环境对企业现金流量的影响具有促进作用。第（2）列在加入现金流的机制变量后进行了资产收益率、资产负债率、有形资产占比、企业成长性、企业年龄、托宾Q值等控制变量的控制且固定了年份固定效应和行业固定效应，回归结果通过了1%的显著性水平检验，回归系数为正，系数为0.0091，表明外部法治环境通过影响资金流动性对企业相对雇佣规模具有促进作用。

表8-12　　　　　　　　　资金流动性机制分析

解释变量 \ 被解释变量	（1）	（2）
	Cashflow	*lnemploy*
law	0.0010***	0.0091***
	(7.20)	(4.09)
Cashflow		0.8996***
		(10.05)

解释变量 被解释变量	(1)	(2)
	Cashflow	*lnemploy*
Roa	0.4598***	4.3935***
	(84.46)	(44.84)
Lev	−0.0067***	2.7355***
	(−3.49)	(86.82)
FIXED	0.1038***	0.2667***
	(41.47)	(6.36)
Growth	−0.0087***	0.0021
	(−10.07)	(0.14)
Age	−0.0056***	−0.4131***
	(−14.60)	(−65.66)
TobinQ	0.0000	−0.0889***
	(0.01)	(−42.99)
常数项	11.3041***	853.7046***
	(14.60)	(67.30)
行业固定效应	已控制	已控制
年份固定效应	已控制	已控制
样本量	33 353	33 353
R^2	0.27	0.47

注：***、** 和*分别表示在 1%、5% 和 10% 水平上显著；括号内为 t 值。

接下来本章进行劳资关系机制分析。表 8-13 第（1）列进行了资产收益率、资产负债率、有形资产占比、企业成长性、企业年龄、托宾 Q 值等控制变量的控制且固定了年份固定效应和行业固定效应，回归结果通过了 1% 的显著性水平检验，回归系数为负，系数为 0.0012，表明外部法治环境对企业劳资纠纷的影响具有降低作用。第（2）列在加入劳资纠纷的机制变量后再次进行了资产收益率、资产负债率、有形资产占比、企业成长性、企业年龄、托宾Q值等控制变量的控制且固定了年份固定效应和行业固定效应，回归结果通过了1%的显著性水平检验，回归系数为正，系数为0.0066，表明外部法治环境通过缓解劳资关系对企业相对雇佣规模具有促进作用。

表8-13 劳资关系机制分析

被解释变量 解释变量	（1） labor	（2） lnemploy
law	-0.0012***	0.0066***
	(-8.93)	(2.98)
labor		-2.8066***
		(-32.03)
Roa	-0.3225***	3.9021***
	(-58.81)	(42.34)
Lev	-0.1090***	2.4236***
	(-56.12)	(74.56)
FIXED	-0.0263***	0.2862***
	(-10.44)	(7.08)
Growth	-0.0112***	-0.0372***
	(-12.90)	(-2.66)
Age	-0.0011***	-0.4212***
	(-2.74)	(-68.08)
TobinQ	0.0038***	-0.0782***
	(29.85)	(-37.84)

被解释变量 解释变量	（1） *labor*	（2） *lnemploy*
常数项	2.2981***	870.3656***
	(2.94)	(69.78)
行业固定效应	已控制	已控制
年份固定效应	已控制	已控制
样本量	33 360	33 360
R^2	0.30	0.48

注：***、** 和*分别表示在 1%、5% 和 10% 水平上显著；括号内为 t 值。

本章按照国家统计局关于企业性质的认定，按照 50% 的国有资本比对企业进行定义，大于 50% 的企业定义为国有企业，而小于等于 50% 的企业则定义为非国有企业。将企业分为国有和非国有进行异质性分析，分析结果见表 8-14。第（1）列为非国有企业的回归分析，回归系数为 0.0460，在 1% 的水平上通过显著性检验。第（2）列为国有企业的回归分析，回归系数为 -0.0026，未通过显著性水平检验。因此，外部法治环境对企业相对雇佣规模的促进作用仅在非国有企业中显著，在国有企业中不显著。

表 8-14 **企业所有制异质性分析**

被解释变量 解释变量	（1） 非国有 *lnemploy*	（2） 国有 *lnemploy*
law	0.0460***	-0.0026
	(11.31)	(-1.00)

被解释变量 解释变量	（1）非国有 lnemploy	（2）国有 lnemploy
Roa	6.9978***	3.9263***
	(32.78)	(43.88)
Lev	3.1242***	2.3390***
	(50.37)	(67.03)
FIXED	0.5805***	−0.0307
	(8.35)	(−0.62)
Growth	−0.0568**	0.0573***
	(−1.98)	(3.81)
Age	−0.1584***	−0.4107***
	(−10.04)	(−60.24)
TobinQ	−0.1889***	−0.0682***
	(−30.15)	(−34.51)
常数项	339.9330***	849.1141***
	(10.70)	(61.77)
行业固定效应	已控制	已控制
年份固定效应	已控制	已控制
样本量	10 629	22 730
R^2	0.44	0.42

注：***、**和*分别表示在1%、5%和10%水平上显著；括号内为t值。

不同的产业类型对企业的劳动雇佣要求不同，为了研究法治环境影响企业劳动雇佣的产业差异，本章根据工业企业数据库的划分标准，将工业分为轻工业和重工业，轻工业主要包括食品、造纸、纺织、日用化工、皮革、文教艺术体育用品工业等；重工业主要包括钢铁、机械、冶金、化学、能源、建筑材料等工业。表 8-15 第（1）列为重工业企业的回归分析，回归系数为-0.0048，在 10% 的水平上通过了显著性检验。表 8-15 第（2）列为轻工业企业的回归分析，回归系数为0.0467，在 1% 的水平上通过了显著性检验。综上，在轻工业企业中，外部法治环境对企业相对雇佣规模的影响具有促进作用，而在重工业企业中，地区法治环境不能促进企业相对雇佣规模。

表 8-15　　　　　　　　　　行业异质性分析

被解释变量 解释变量	（1）	（2）
	重工业	轻工业
	lnemploy	lnemploy
law	−0.0048*	0.0467***
	(−1.87)	(10.98)
Roa	5.1269***	4.2481***
	(49.82)	(25.11)
Lev	2.5842***	2.9560***
	(70.09)	(50.63)
FIXED	0.1698***	0.7180***
	(3.53)	(9.56)
Growth	0.0124	−0.0044
	(0.71)	(−0.18)
Age	−0.4732***	−0.2946***
	(−66.78)	(−23.48)

被解释变量 解释变量	（1） 重工业 *lnemploy*	（2） 轻工业 *lnemploy*
TobinQ	−0.1120***	−0.0646***
	（−41.45）	（−19.68）
常数项	974.9208***	614.2957***
	（68.25）	（24.29）
行业固定效应	已控制	已控制
年份固定效应	已控制	已控制
样本量	22 186	11 174
R^2	0.44	0.47

注：***、** 和*分别表示在1%、5%和10%水平上显著；括号内为*t*值。

8.6 结论与建议

本章将样本聚焦到上市公司数字化转型对劳动力市场的溢出效应，选取 2007—2023 年样本，采取固定效应模型分析数字化转型、外部法治环境建设对企业雇佣决策的影响。实证结果表明，从劳动力需求维度来看，企业进行数字化转型会带来劳动雇佣的增加效应。一方面，企业数字化转型扩大了企业的生产经营规模，增加了雇佣劳动力的根本需求，另一方面，企业在数字化过程中缓解了融资约束，使其雇佣能力得到提升，由此促进了企业劳动力雇佣的增长。同时，本章从收入分配维度对企业数字化转型与企业内部员工薪酬差距的关系进行了探讨，结果表明企业数字化转型程度越高，内部员工薪酬差距越大，但良好的外部法治环境可以缓解员工薪酬差距的扩大。此外，本章还发现，企业的数字化资产占无形资产的比重越高，企业雇佣劳动力的数量越少，数字资产对于劳动力存在明显的挤出效应，在更好的外部法治环境下，这种挤出效应得到缓解。最后，本章针对外部法治环境对企业雇佣决策的影响做了拓展研究，法治环境建设会通过提高资金流动性、缓和劳资关系两个传导路径扩大企业的雇佣规模。

本章的研究结论具有重要的政策启示。我国经济具有强韧性、高潜力的特点，这为企业的长期可持续发展奠定了良好基础。政府应依托法律制定合理的就业政策。当前，我国就业形势严峻，失业对经济发展造成了严重的压力。就业问题是最大的民生问题，就业仍然是市场发展的难题，充足的融资来源和良好的法律环境能促进企业劳动雇佣，这为解决就业难问题缓解就业压力提供了新的解决思路，从而在一定程度上缓解我国当前面临的就业压力，并进一步促进地区间就业平衡。

融资一直是制约企业发展的重要因素之一。为解决这一困境，国家接连出台扶持中小企业的贷款政策，通过信贷支持等一系列措施，来优化企业的发展环境。一方面，要鼓励和引导金融机构加大对企业的信贷支持，尤其是中小企业，改善企业融资环境。以银行贷款为主要形式的间接融资仍然占据我国金融市场的主导地位，因此通过更紧密有效的银企合作，缓解信息的不对称性，促进资本流向有助于企业长远发展的战略部署。应持续深化企业和银行的贷款关系，以融助产，进一步稳定劳动力市场，赋能经济高质量发展。另一方面，要构建多元化的银行体系。应鼓励并扶持中小型银行的创新性发展，发挥其地域优势，促进大型银行稳定高质量发展，充分发挥不同类型银行在金融市场中的独特作用，建立相匹配的风险管理机制及融资激励机制，增加其自身实力以吸引企业借贷，共同助力企业可持续发展、有效赋能实体经济。

企业应根据当地的法治环境进行合理选址。企业的地理位置对于企业的发展至关重要,地方资源是否充足,企业是否能融入当地的文化环境都影响着企业的发展前景,一个好的地理位置可以为企业带来丰富的财力资源、人力资源、技术资源、信息资源等一系列资源。劳动力是企业生产的基本要素,劳动资源对企业的发展起着至关重要的作用,而地区浓厚的法律文化可以促进企业劳动雇佣,为企业提供充足的劳动力资源,从而促进企业的发展。因此,企业在选址时应当充分考虑当地的文化,为企业的发展消除后顾之忧。在企业数字化转型过程中,解决劳动力市场的挤出问题、提高劳动力市场的法治化水平、加强劳动力市场的法治环境等政策措施,对于推动人力资本投资具有重要意义。

参考文献

[1] 敖小波，林晚发，李晓慧. 内部控制质量与债券信用评级 [J]. 审计研究，2017（2）：57-64.

[2] 巴曙松，白海峰，胡文韬. 金融科技创新、企业全要素生产率与经济增长——基于新结构经济学视角 [J]. 财经问题研究，2020（1）：46-53.

[3] 柏培文，喻理. 数字经济发展与企业价格加成：理论机制与经验事实 [J]. 中国工业经济，2021（11）：59-77.

[4] 柏培文，张云. 数字经济、人口红利下降与中低技能劳动者权益 [J]. 经济研究，2021（5）：91-108.

[5] 蔡贵龙，邓景，葛锐，等. 客户行业竞争地位与供应商企业绩效 [J]. 会计研究，2022（11）：72-86.

[6] 曹爱军，刘欣. 数字化转型、人力资本与企业全要素生产率 [J]. 统计与决策，2024，40（14）：167-172.

[7] 曹书军，刘星，傅蕴英. 劳动雇佣与公司税负：就业鼓励抑或预算软约束 [J]. 中国工业经济，2009（5）：139-149.

[8] 曹裕，李想，胡韩莉，等. 数字化如何推动制造企业绿色转型？——资源编排理论视角下的探索性案例研究 [J]. 管理世界，2023，39（3）：96-126.

[9]   曾建光. 网络安全风险感知与互联网金融的资产定价 [J]. 经济研究，
       2015（7）：131-145.

[10]   曾庆生，陈信元. 国家控股、超额雇员与劳动力成本 [J]. 经济研究，
       2006（5）：74-86.

[11]   常莹莹，曾泉. 环境信息透明度与企业信用评级——基于债券评级市场
       的经验证据 [J]. 金融研究，2019（5）：132-151.

[12]   陈斌开，陈思宇. 流动的社会资本——传统宗族文化是否影响移民就业？
       [J]. 经济研究，2018，53（3）：35-49.

[13]   陈超，李镕伊. 审计能否提高公司债券的信用评级 [J]. 审计研究，
       2013（3）：59-66；80.

[14]   陈东，郭文光. 数字化转型、工资增长与企业间收入差距——兼论"灯
       塔工厂"的行业引导效应 [J]. 财经研究，2023（4）：50-64.

[15]   陈冬华，陈信元，万华林. 国有企业中的薪酬管制与在职消费 [J]. 经
       济研究，2005（2）：92-101.

[16]   陈贵富，韩静，韩恺明. 城市数字经济发展、技能偏向型技术进步与劳
       动力不充分就业 [J]. 中国工业经济，2022（8）：118-136.

[17]   陈庆江，王彦萌，万茂丰. 企业数字化转型的同群效应及其影响因素研
       究 [J]. 管理学报，2021，18（5）：653-663.

[18]   陈日清，王彤彤，史永东. 大股东权力对我国上市公司业绩的影响研究
       [J]. 系统工程理论与实践，2020，40（10）：2505-2518.

[19]   陈帅，张海鹏. 金融危机对中国农村劳动力非农就业的冲击——基于面
       板双重倍差模型的实证分析 [J]. 中国农村经济，2012（8）：28-
       37；45.

[20]   陈舜. 金融发展，融资约束与民营企业的就业增长——基于民营上市公
       司数据的实证分析 [J]. 企业经济，2020，39（7）：145-153.

[21]   陈思翀，汪琪. 网络安全事件披露的市场冲击及行业扩散效应 [J]. 经
       济与管理研究，2012，42（6）：65-75.

[22]   陈晓红，李杨扬，宋丽洁，等. 数字经济理论体系与研究展望 [J]. 管

理世界，2022，38（2）：208-224.

[23] 陈玉娇，宋铁波，黄键斌. 企业数字化转型："随行就市"还是"入乡随俗"？——基于制度理论和认知理论的决策过程研究［J］. 科学学研究，2022，40（6）：1054-1062.

[24] 陈中飞，江康奇，殷明美. 数字化转型能缓解企业"融资贵"吗［J］. 经济学动态，2022（8）：79-97.

[25] 陈作华，方红星. 融资约束、内部控制与企业避税［J］. 管理科学，2018，31（3）：125-139.

[26] 崔小勇，蔡昀珊，卢国军. 增值税留抵退税能否促进企业吸纳就业？——来自2019年试行留抵退税制度的证据［J］. 管理世界，2023，39（9）：15-38.

[27] 代昀昊. 机构投资者，所有权性质与权益资本成本［J］. 金融研究，2018（9）：143-159.

[28] 戴魁早，黄姿，王思曼. 数字经济促进了中国服务业结构升级吗？［J］. 数量经济技术经济研究，2023，40（2）：90-112.

[29] 戴翔，马皓巍. 数字化转型、出口增长与低加成率陷阱［J］. 中国工业经济，2023（5）：61-79.

[30] 戴翔，杨双至. 数字赋能、数字投入来源与制造业绿色化转型［J］. 中国工业经济，2022（9）：83-101.

[31] 丁从明，邵敏敏，梁甄. 宗族对农村人力资本投资的影响分析［J］. 中国农村经济，2018（2）：95-108.

[32] 丁杰，李仲飞，黄金波. 绿色信贷政策能够促进企业绿色创新吗？——基于政策效应分化的视角［J］. 金融研究，2022（12）：55-73.

[33] 董琪，董莉. 数字化转型、内部控制与股票流动性［J］. 统计与决策，2023，39（19）：153-158.

[34] 杜勇，娄靖，胡红燕. 供应链共同股权网络下企业数字化转型同群效应研究［J］. 中国工业经济，2023（4）：136-155.

[35] 范合君，吴婷，何思锦. 企业数字化的产业链联动效应研究［J］. 中国

工业经济，2023（3）：115-132.

[36] 方明月，林佳妮，聂辉华. 数字化转型是否促进了企业内共同富裕？——来自中国A股上市公司的证据［J］. 数量经济技术经济研究，2022，39（11）：50-70.

[37] 方意，荆中博，吴姬，等. 非核心负债、尾部依赖与中国银行业系统性风险［J］. 世界经济，2020（4）：123-144.

[38] 高翔，张敏，刘仁. 工业机器人应用促进了"两业融合"发展吗？——来自中国制造企业投入服务化的证据［J］. 金融研究，2022（11）：58-76.

[39] 宫晓莉，熊熊. 波动溢出网络视角的金融风险传染研究［J］. 金融研究，2020（5）：39-58.

[40] 郭峰，王靖一，王芳，等. 测度中国数字普惠金融发展：指数编制与空间特征［J］. 经济学（季刊），2020，19（4）：1401-1418.

[41] 郭晔，未钟琴，方颖. 金融科技布局、银行信贷风险与经营绩效——来自商业银行与科技企业战略合作的证据［J］. 金融研究，2022（10）：20-38.

[42] 韩峰，姜竹青. 集聚网络视角下企业数字化的生产率提升效应研究［J］. 管理世界，2023，39（11）：54-73.

[43] 韩晴，王华. 独立董事责任险、机构投资者与公司治理［J］. 南开管理评论，2014，17（5）：54-62.

[44] 韩瑞栋. 城市商业银行与地方就业——来自准自然实验的证据［J］. 金融论坛，2020，25（2）：68-80.

[45] 何德旭，周中胜. 民营企业的政治联系、劳动雇佣与公司价值［J］. 数量经济技术经济研究，2011，28（9）：47-60.

[46] 何帆，刘红霞. 数字经济视角下实体企业数字化变革的业绩提升效应评估［J］. 改革，2019（4）：137-148.

[47] 何青，钱宗鑫，刘伟. 中国系统性金融风险的度量——基于实体经济的视角［J］. 金融研究，2018（4）：53-70.

[48] 何小钢，梁权熙，王善骝. 信息技术、劳动力结构与企业生产率——破解"信息技术生产率悖论"之谜 [J]. 管理世界，2019，35（9）：65-80.

[49] 贺梅，王燕梅. 制造业企业数字化转型如何影响员工工资 [J]. 财贸经济，2023，44（3）：123-139.

[50] 侯德帅，王琪，张婷婷，等. 企业数字化转型与客户资源重构 [J]. 财经研究，2023（2）：110-124.

[51] 胡海峰，宋肖肖，窦斌. 数字化在危机期间的价值：来自企业韧性的证据 [J]. 财贸经济，2022，43（7）：134-148.

[52] 胡媛媛，陈守明，仇方君. 企业数字化战略导向、市场竞争力与组织韧性 [J]. 中国软科学，2021（S1）：214-225.

[53] 胡增玺，马述忠. 市场一体化对企业数字创新的影响——兼论数字创新衡量方法 [J]. 经济研究，2023（6）：155-172.

[54] 黄勃，李海彤，刘俊岐，等. 数字技术创新与中国企业高质量发展——来自企业数字专利的证据 [J]. 经济研究，2023（3）：97-115.

[55] 黄继承，姜付秀. 产品市场竞争与资本结构调整速度 [J]. 世界经济，2015（7）：99-119.

[56] 黄俊，郭照蕊. 新闻媒体报道与资本市场定价效率——基于股价同步性的分析 [J]. 管理世界，2014，30（5）：121-130.

[57] 黄群慧，余泳泽，张松林. 互联网发展与制造业生产率提升：内在机制与中国经验 [J]. 中国工业经济，2019（8）：5-23.

[58] 黄赜琳，蒋鹏程. 数字低碳之路：工业机器人与城市工业碳排放 [J]. 财经研究，2023，49（10）：34-48.

[59] 冀云阳，周鑫，张谦. 数字化转型与企业创新——基于研发投入和研发效率视角的分析 [J]. 金融研究，2023（4）：111-129.

[60] 江小涓，靳景. 数字技术提升经济效率：服务分工、产业协同和数实孪生 [J]. 管理世界，2022，38（12）：9-24.

[61] 江小涓. 数据交易与数据交互：理解数据要素市场特征的关键 [J]. 中

国网信，2024（1）：32-36.

[62] 金洪飞，李弘基，刘音露. 金融科技、银行风险与市场挤出效应 [J]. 财经研究，2020（5）：52-65.

[63] 金献坤，徐莉萍，辛宇. 企业数字化与权益资本成本 [J]. 财经研究，2023，49（9）：79-93；123.

[64] 孔东民，项君怡，代昀昊. 劳动投资效率、企业性质与资产收益率 [J]. 金融研究，2017（3）：145-158.

[65] 寇宗来，盘宇章，刘学悦. 中国的信用评级真的影响发债成本吗 [J]. 金融研究，2015（10）：81-98.

[66] 雷光勇，买瑞东，左静静. 数字化转型与资本市场效率——基于股价同步性视角 [J]. 证券市场导报，2022（8）：48-59.

[67] 黎文靖，郑曼妮. 实质性创新还是策略性创新？宏观产业政策对微观企业创新的影响 [J]. 经济研究，2016（4）：60-73.

[68] 李青原，李昱，章尹赛楠，等. 企业数字化转型的信息溢出效应——基于供应链视角的经验证据 [J]. 中国工业经济，2023（7）：142-159.

[69] 李三希，黄卓. 数字经济与高质量发展：机制与证据 [J]. 中国社会科学，2022，22（5）：1699-1716.

[70] 李双全，王学良. 失业人口构成的空间分布差异分析 [J]. 江西师范大学学报（哲学社会科学版），2007（1）：69-74.

[71] 李维安，李滨. 机构投资者介入公司治理效果的实证研究——基于CCGINK 的经验研究 [J]. 南开管理评论，2008，11（1）：4-14.

[72] 李晓，刘以琏. 投资者关注度分配与股价同步性：来自中国市场的经验证据 [J]. 系统工程理论与实践，2024（10）：1-22.

[73] 李晓华. "互联网+"改造传统产业的理论基础 [J]. 经济纵横，2016（3）：57-63.

[74] 李逸飞，李茂林，李静. 银行金融科技、信贷配置与企业短债长用 [J]. 中国工业经济，2022（10）：137-154.

[75] 李云鹤，蓝齐芳，吴文锋. 客户公司数字化转型的供应链扩散机制研究

［J］. 中国工业经济, 2022 (12): 146-165.

[76] 李政, 涂晓枫, 卜林. 金融机构系统性风险: 重要性与脆弱性 [J]. 财经研究, 2019 (2): 90-112; 152.

[77] 梁琪, 常姝雅. 我国金融混业经营与系统性金融风险——基于高维风险关联网络的研究 [J]. 财贸经济, 2020, 41 (11): 67-82.

[78] 梁上坤. 机构投资者持股会影响公司费用粘性吗? [J]. 管理世界, 2018, 34 (12): 133-148.

[79] 林晚发, 刘颖斐, 赵仲匡. 承销商评级与债券信用利差——来自《证券公司分类监管规定》的经验证据 [J]. 中国工业经济, 2019 (1): 174-192.

[80] 林晚发. 机构投资者与债务资本成本: 基于信息不对称视角 [J]. 珞珈管理评论, 2016 (2): 65-82.

[81] 刘欢, 李志生, 孔东民. 机构持股与上市公司信息披露质量——基于主动型和被动型基金影响差异的视角 [J]. 系统工程理论与实践, 2020 (6): 1520-1532.

[82] 刘莉亚, 何彦林, 王照飞, 等. 融资约束会影响中国企业对外直接投资吗?——基于微观视角的理论和实证分析 [J]. 金融研究, 2015 (8): 124-140.

[83] 刘梦莎, 邵淇, 阮青松. 数字化转型对企业债务融资成本的影响研究 [J]. 财经问题研究, 2023 (1): 63-72.

[84] 刘平峰, 张旺. 数字技术如何赋能制造业全要素生产率? [J]. 科学学研究, 2021, 39 (8): 1396-1406.

[85] 刘淑春, 闫津臣, 张思雪, 等. 企业管理数字化变革能提升投入产出效率吗? [J]. 管理世界, 2021, 37 (5): 170-190.

[86] 刘晓东, 欧阳红兵. 中国金融机构的系统性风险贡献度研究 [J]. 经济学 (季刊), 2019, 18 (4): 1239-1266.

[87] 柳光强, 孔高文. 高管海外经历是否提升了薪酬差距 [J]. 管理世界, 2018, 34 (8): 130-142.

［88］ 陆静，胡晓红. 基于条件在险价值法的商业银行系统性风险研究［J］.
中国软科学，2014（4）：25-42.

［89］ 吕芬，朱煜明，罗伯特，等. 外部环境对中小型企业采用数字技术影响
研究［J］. 科学学研究，2021，39（12）：22-32.

［90］ 吕江林，赖娟. 我国金融系统性风险预警指标体系的构建与应用［J］.
江西财经大学学报，2011（2）：5-11.

［91］ 毛其淋，王玥清. ESG的就业效应研究：来自中国上市公司的证据［J］.
经济研究，2023（7）：86-103.

［92］ 孟庆斌，黄清华，张劲帆，等. 上市公司与投资者的互联网沟通具有信
息含量吗？——基于深交所"互动易"的研究［J］. 经济学（季刊），
2020，19（2）：637-662.

［93］ 欧阳红兵，刘晓东. 中国金融机构的系统重要性及系统性风险传染机制
分析——基于复杂网络的视角［J］. 中国管理科学，2015（10）：30-37.

［94］ 潘越，谢玉湘，宁博，等. 数智赋能、法治化营商环境建设与商业信用
融资——来自"智慧法院"视角的经验证据［J］. 管理世界，2022，38
（9）：194-207.

［95］ 戚聿东，杜博，温馨. 国有企业数字化战略变革：使命嵌入与模式选
择——基于3家中央企业数字化典型实践的案例研究［J］. 管理世界，
2021，37（11）：137-158.

［96］ 戚聿东，肖旭. 数字经济时代的企业管理变革［J］. 管理世界，2020，
36（6）：135-152.

［97］ 邱煜，潘攀. 企业数字化转型与大客户依赖治理［J］. 财贸经济，2023，
44（10）：90-108.

［98］ 冉渝，盛建. 信贷政策"前期帮扶"能否促进企业创新？［J］. 南方金
融，2023（10）：1-13.

［99］ 沙飞云，徐晓东. 数字技术信息披露对股价同步性的影响及机理研究
［J］. 财经论丛，2024（2）：70-79.

［100］ 沈国兵，袁征宇. 企业互联网化对中国企业创新及出口的影响［J］. 经

济研究，2020（1）：33-48.

[101] 史永，张龙平. XBRL财务报告实施效果研究——基于股价同步性的视角 [J]. 会计研究，2014（3）：3-10；95.

[102] 宋弘，封进，杨婉彧. 社保缴费率下降对企业社保缴费与劳动力雇佣的影响 [J]. 经济研究，2021，56（1）：90-104.

[103] 孙伟增，郭冬梅. 信息基础设施建设对企业劳动力需求的影响：需求规模，结构变化及影响路径 [J]. 中国工业经济，2021（11）：78-96.

[104] 孙伟增，毛宁，兰峰，等. 政策赋能，数字生态与企业数字化转型——基于国家大数据综合试验区的准自然实验 [J]. 中国工业经济，2023（9）：117-135.

[105] 唐松，伍旭川，祝佳. 数字金融与企业技术创新——结构特征、机制识别与金融监管下的效应差异 [J]. 管理世界，2020，36（5）：52-66；9.

[106] 陶锋，王欣然，徐扬，等. 数字化转型，产业链供应链韧性与企业生产率 [J]. 中国工业经济，2023（5）：118-136.

[107] 田鸽，张勋. 数字经济，非农就业与社会分工 [J]. 管理世界，2022，38（5）：72-84.

[108] 田秀娟，李睿. 数字技术赋能实体经济转型发展——基于熊彼特内生增长理论的分析框架 [J]. 管理世界，2022，38（5）：56-71.

[109] 王超，余典范，龙睿. 经济政策不确定性与企业数字化——垫脚石还是绊脚石？[J]. 经济管理，2023（6）：79-100.

[110] 王春丽，胡玲. 基于马尔科夫区制转移模型的中国金融风险预警研究 [J]. 金融研究，2014（9）：99-114.

[111] 王锋，葛星. 低碳转型冲击就业吗——来自低碳城市试点的经验证据 [J]. 中国工业经济，2022（5）：81-99.

[112] 王开科，吴国兵，章贵军. 数字经济发展改善了生产效率吗 [J]. 经济学家，2020（10）：24-34.

[113] 王可，李连燕. "互联网+" 对中国制造业发展影响的实证研究 [J]. 数量经济技术经济研究，2018，35（6）：3-20.

[114] 王木之，李丹. 新审计报告和股价同步性 [J]. 会计研究，2019（1）：
86-92.

[115] 王守海，徐晓彤，刘烨炜. 企业数字化转型会降低债务违约风险吗？
[J]. 证券市场导报，2022（4）：45-56.

[116] 王彤彤，史永东. 机构投资者持股影响上市公司债限制性条款设计吗
[J]. 会计研究，2021（8）：124-136.

[117] 王晓红，栾翔宇，张少鹏. 企业研发投入、ESG 表现与市场价值——企
业数字化水平的调节效应 [J]. 科学学研究，2022，41（5）：896-
904；915.

[118] 王永贵，汪淋淋."数字化赋能"助力解决发展不平衡不充分问题 [J].
智慧中国，2021（9）：18-21.

[119] 王永进，匡霞，邵文波. 信息化、企业柔性与产能利用率 [J]. 世界经
济，2017，40（1）：67-90.

[120] 吴非，胡慧芷，林慧妍，等. 企业数字化转型与资本市场表现——来自
股票流动性的经验证据 [J]. 管理世界，2021，37（7）：130-144.

[121] 吴昊旻，杨兴全，魏卉. 产品市场竞争与公司股票特质性风险——基于
我国上市公司的经验证据 [J]. 经济研究，2012（6）：101-115.

[122] 吴育辉，吴世农，魏志华. 管理层能力、信息披露质量与企业信用评级
[J]. 经济管理，2017，39（1）：165-180.

[123] 肖土盛，孙瑞琦，袁淳，等. 企业数字化转型，人力资本结构调整与劳
动收入份额 [J]. 管理世界，2022，38（12）：220-235.

[124] 谢德仁，林乐. 管理层语调能预示公司未来业绩吗？——基于我国上市
公司年度业绩说明会的文本分析 [J]. 会计研究，2015（2）：20-
27；93.

[125] 徐虹，林钟高，芮晨. 产品市场竞争，资产专用性与上市公司横向并购
[J]. 南开管理评论，2015，18（3）：48-59.

[126] 徐梦周，吕铁. 赋能数字经济发展的数字政府建设：内在逻辑与创新路
径 [J]. 学习与探索，2020（3）：78-85；175.

[127] 许家云, 毛其淋. 互联网如何影响了中国制造业就业? [J]. 经济学 (季刊), 2023, 23 (4): 1048-1423.

[128] 许宪春, 任雪, 常子豪. 大数据与绿色发展 [J]. 中国工业经济, 2019 (4): 5-22.

[129] 许宪春, 张美慧. 中国数字经济规模测算研究——基于国际比较的视角 [J]. 中国工业经济, 2020 (5): 23-41.

[130] 薛爽, 肖泽忠, 潘妙丽. 管理层讨论与分析是否提供了有用信息? ——基于亏损上市公司的实证探索 [J]. 管理世界, 2010, 26 (5): 130-140.

[131] 杨德明, 刘泳文. "互联网+"为什么加出了业绩 [J]. 中国工业经济, 2018 (5): 80-98.

[132] 杨海燕, 韦德洪, 孙健. 机构投资者持股能提高上市公司会计信息质量吗? [J]. 会计研究, 2012 (9): 16-23.

[133] 杨金玉, 彭秋萍, 葛震霆. 数字化转型的客户传染效应——供应商创新视角 [J]. 中国工业经济, 2022 (8): 156-174.

[134] 杨子晖, 陈雨恬, 陈里璇. 极端金融风险的有效测度与非线性传染 [J]. 经济研究, 2019 (5): 63-80.

[135] 杨子晖, 陈雨恬, 林师涵, 等. 我国金融机构尾部风险影响因素的非线性研究——来自面板平滑转换回归模型的新证据 [J]. 金融研究, 2021 (3): 38-57.

[136] 杨子晖, 陈雨恬, 谢锐楷. 我国金融机构系统性金融风险度量与跨部门风险溢出效应研究 [J]. 金融研究, 2018 (10): 19-37.

[137] 杨子晖, 陈雨恬, 张平淼. 股票与外汇市场尾部风险的跨市场传染研究 [J]. 管理科学学报, 2020 (8): 54-77.

[138] 杨子晖, 李东承. 中国银行系统性金融风险研究——基于"去一法"的应用分析 [J]. 经济研究, 2018 (8): 36-51.

[139] 杨子晖. 金融市场与宏观经济的风险传染关系——基于混合频率的实证研究 [J]. 中国社会科学, 2020 (12): 160-180; 204.

[140] 姚颐，刘志远. 机构投资者具有监督作用吗？[J]. 金融研究，2009（6）：128-143.

[141] 叶永卫，李鑫，刘贯春. 数字化转型与企业人力资本升级 [J]. 金融研究，2022（12）：74-92.

[142] 易靖韬，王悦昊. 数字化转型对企业出口的影响研究 [J]. 中国软科学，2021（3）：94-104.

[143] 易露霞，吴非，徐斯旸. 企业数字化转型的业绩驱动效应研究 [J]. 证券市场导报，2021（8）：15-25；69.

[144] 余典范，王超，陈磊. 政府补助、产业链协同与企业数字化 [J]. 经济管理，2022（5）：63-82.

[145] 余明桂，王空. 地方政府债务融资、挤出效应与企业劳动雇佣 [J]. 经济研究，2022，57（2）：58-72.

[146] 袁淳，肖土盛，耿春晓，等. 数字化转型与企业分工：专业化还是纵向一体化 [J]. 中国工业经济，2021（9）：137-155.

[147] 张大永，姬强. 中国原油期货动态风险溢出研究 [J]. 中国管理科学，2018（11）：42-49.

[148] 张涤新，屈永哲. 机构投资者持股持续性对我国上市公司业绩及风险的影响研究 [J]. 系统工程理论与实践，2018（2）：273-286.

[149] 张虎，邹媛媛，高子桓. 数字化转型对企业全要素生产率的影响——基于产业链关联视角 [J]. 统计与决策，2024，40（13）：165-170.

[150] 张杰，白铠瑞，毕钰. 互联网基础设施、创新驱动与中国区域不平衡——从宏观到微观的证据链 [J]. 数量经济技术经济研究，2023，40（1）：46-65.

[151] 张杰，刘元春，翟福昕，等. 银行歧视、商业信用与企业发展 [J]. 世界经济，2013，36（9）：94-126.

[152] 张军华. 产品市场竞争、异质性风险与股票收益 [J]. 统计与决策，2013，32（16）：144-146.

[153] 张娆，杨小伟. 国有股权参股如何影响民营企业信用评级 [J]. 审计与

经济研究，2023（5）：108-118.

[154] 张三峰，魏下海. 信息与通信技术是否降低了企业能源消耗——来自中国制造业企业调查数据的证据 [J]. 中国工业经济，2019（2）：155-173.

[155] 张天顶，张宇. 模型不确定下我国商业银行系统性风险影响因素分析 [J]. 国际金融研究，2017（3）：45-54.

[156] 张维迎. 所有制、治理结构及委托—代理关系——兼评崔之元和周其仁的一些观点. 经济研究，1996（9）：3-15；53.

[157] 张樨樨，董瑶，易涛. 数字经济、区域软环境与技术转移网络的形成 [J]. 科研管理，2022，43（7）：124-134.

[158] 张永珅，李小波，邢铭强. 企业数字化转型与审计定价 [J]. 审计研究，2021，21（3）：62-71.

[159] 张自力，闫红蕾，张楠. 股票网络、系统性风险与股票定价 [J]. 经济学（季刊），2020，19（1）：329-350.

[160] 赵宸宇，王文春，李雪松. 数字化转型如何影响企业全要素生产率 [J]. 财贸经济，2021，42（7）：114-129.

[161] 赵春明，班元浩，李宏兵，等. 企业数字化转型与劳动收入份额 [J]. 财经研究，2023，49（6）：49-63；93.

[162] 赵艳秉，李青原. 财务报表重述、产品市场竞争与异质性风险 [J]. 审计研究，2016（3）：84-89.

[163] 甄红线，王玺，方红星. 知识产权行政保护与企业数字化转型 [J]. 经济研究，2023（11）：62-79.

[164] 钟婉玲，李海奇，杨胜刚. 国际油价、宏观经济变量与中国股市的尾部风险溢出效应研究 [J]. 中国管理科学，2020（8）：3-15.

[165] 周雪敏. 产品市场竞争与资本结构：基于中国上市公司的证据 [J]. 中央财经大学学报，2009（2）：37-41.

[166] 周永斌，和军，牛娟娟. 企业数字化转型、不确定性预期与实业投资 [J]. 统计与决策，2024，40（11）：162-167.

[167] 朱松. 债券市场参与者关注会计信息质量吗 [J]. 南开管理评论, 2013, 16 (3): 16-25.

[168] ACEMOGLU D, OZDAGLAR A E, TAHBAZ-SALEHI A. The network origins of large economic downturns [R]. NBER Working Papers, 2013.

[169] ACEMOGLU D, RESTREPO P. Robots and jobs: Evidence from US labor markets [J]. Journal of Political Economy, 2020, 128 (6): 2188-2244.

[170] ACHARYA V V, PEDERSEN L H, PEDERSEN L. Measuring systemic risk [J]. The Review of Financial Studies, 2017, 30 (1): 2-47.

[171] ADRIAN T, BRUNNERMEIER M K. CoVaR [J]. American Economic Review, 2016, 106 (7): 1705-1741.

[172] AIKMAN D, ALESSANDRI P, EKLUND B, et al. Funding liquidity risk in a quantitative model of systemic stability [J]. SSRN Electronic Journal, 2009 (15): 371-410.

[173] AKEY P S, LEWELLEN I L, SCHILLER C. Hacking corporate reputations [R]. Working Paper, 2020.

[174] ALLEN F, BABUS A, CARLETTI E. Asset commonality, debt maturity and systemic risk [J]. Journal of Financial Economics, 2012, 104 (3): 519-534.

[175] ALLEN F, GALE D. Financial contagion [J]. Journal of Political Economy, 2000, 108 (1): 1-33.

[176] ALTMAN. Financial ratios, discriminant analysis and the prediction of corporate bankruptcy [J]. The Journal of Finance, 1968 (4): 589-609.

[177] AMIR E, LEVI S, LIVNE T. Do firms underreport information on cyber attacks? Evidence from capital markets [J]. Review of Accounting Studies, 2018, 23 (3): 1177-1206.

[178] ANTONAKAKIS N, CHATZIANTONIOU I, GABAUER D. Refined measures of dynamic connectedness based on time-varying parameter vector autoregressions [J]. Journal of Risk and Financial Management, 2020, 13

(4): 1-23.

[179] ASHRAF M, SUNDER J.Can shareholders benefit from consumer protection disclosure mandates? Evidence from data breach disclosure laws [J]. Accounting Review, 2023, 98 (4): 1-32.

[180] ASHRAF M.The role of peer events in corporate governance: Evidence from data breaches [J]. Accounting Review, 2022, 97 (2): 1-24.

[181] BABINA T, FEDYK A, HE A, et al.Artificial intelligence, firm growth, and product innovation [J]. Journal of Financial Economics, 2024, 151: 103745.

[182] BALL R, JAYARAMAN S, SHIVAKUMAR L.Audited financial reporting and voluntary disclosure as complements: A test of the confirmation hypothesis [J]. Journal of Accounting and Economics, 2012, 53 (1-2): 136-166.

[183] BANULESCU G D, DUMITRESCU E I.Which are the SIFIs? A component expected shortfall approach to systemic risk [J]. Journal of Banking Finance, 2015, 50 (1): 575-588.

[184] BARRY C B, BROWN S J.Differential information and security market equilibrium [J]. Journal of Financial and Quantitative Analysis, 1985, 20 (4): 407-422.

[185] BENNER M J, WALDFOGEL J.Changing the channel: Digitization and the rise of "middle tail" strategies [J]. Strategic Management Journal, 2023, 44 (1): 264-287.

[186] BERG A, PATTILLO C.Are currency crises predictable? A test [R]. IMF Staff Papers, 1999.

[187] BERK J B, GREEN R C, NAIK V.Valuation and return dynamics of new ventures [J]. Review of Financial Studies, 2004, 17 (1): 1-35.

[188] BERKMAN H, JONA J, LEE G, et al.Cybersecurity awareness and market valuations [J]. Journal of Accounting and Public Policy, 2018, 37: 508-526.

［189］ BIENER C, ELING M, WIRFS J H.Insurability of cyber risk: An empirical analysis ［J］. Geneva Papers Risk Insurance-Issues Practice, 2015, 40 (1): 131-158.

［190］ BILLIO M, GETMANSKY M, LO A W, et al. Econometric measures of connectedness and systemic risk in the finance and insurance sectors ［J］. Journal of Financial Economics, 2012, 104 (3): 535-559.

［191］ BINFARE M.The real effects of operational risk: Evidence from data breaches ［R］. Working Paper, 2019.

［192］ BLOOM N. Fluctuations in uncertainty ［J］. Journal of Economic Perspectives, 2014, 28 (2): 153-76.

［193］ BOASIAKO K A, KEEFE M O C. Data breaches and corporate liquidity management ［J］. European Financial Management, 2021, 27: 528-551.

［194］ BRADFORD W, CHEN C, ZHAO Y.The effect of corporate governance on credit ratings: Evidence from China's bond market ［J］. Journal of International Financial Management & Accounting, 2019, 30 (2): 113-144.

［195］ BROWN S V, TUCKER H W.Largesample evidenceon firms' year over year MD&A modifications ［J］. Journal of Accounting Research, 2011, 49 (2): 309-346.

［196］ BROWNLEES C, ENGLE R F. SRISK: A conditional capital shortfall measure of systemic risk ［J］. Review of Financial Studies, 2017, 30 (1): 48-79.

［197］ CHATZIANTONIOU I, GABAUER D. EMU risk-synchronisation and financial fragility through the prism of dynamic connectedness ［J］. The Quarterly Review of Economics and Finance, 2021, 79 (2): 1-14.

［198］ CHEN M X, WU M.The value of reputation in trade: Evidence from alibaba ［J］. Review of Economics and Statistics, 2021, 103 (5): 857-873.

［199］ CHEN X, HARFORD J, LI K. Monitoring: Which institutions matter?

［J］．Journal of Financial Economics，2007，86（2）：279-305.

［200］　CLERCQ D，DANIS W M，DAKHLI M.The moderating effect of institutional context on the relationship between associational activity and new business activity in emerging economies ［J］．International Business Review，2010，19（1）：85-101.

［201］　COHEN L，LOU D.Complicated firms ［J］．Journal of Financial Economics，2012，104（2）：383-400.

［202］　CROSIGNANI M，MACCHIAVELLI M，SILVA A F.Pirates without borders：The propagation of cyberattacks through firms' supply chains ［J］．Journal of Financial Economics，2023，147（2）：432-448.

［203］　DEMING D，KAHN L B.Skill requirements across firms and labor markets：Evidence from job postings for professionals ［J］．Journal of Labor Economics，2018，36（S1）：S337-S369.

［204］　DIEBOLD F X，YILMAZ K.Measuring financial asset return and volatility spillovers，with application to global equity markets ［J］．Economic Journal，2009，119（1）：158-171.

［205］　DIEBOLD F X，YILMAZ K.On the network topology of variance decompositions：Measuring the connectedness of financial firms ［J］．Journal of Econometrics，2014，182（1）：119-134.

［206］　DODGSON M，GANN D，WLADAWSKY-BERGER I，et al.Managing digital money ［J］．Academy of Management Journal，2015，58（2）：325-333.

［207］　DURNEV A，MORCK R，YEUNG B，et al.Does greater firm-specific return variation mean more or less informed stock pricing? ［J］．Journal of Accounting Research，2003，41：797-836.

［208］　EBOLI M.A flow network analysis of direct balance-sheet contagion in financial networks ［R］．Working Paper，2012.

［209］　FERREIRA J，FERNANDES C I，FERREIRA F.To be or not to be digital, that is the question: Firm innovation and performance [J]. Journal of Business Research, 2019, 1: 583-590.

[210] FISCHER M, IMGRUND F, JANIESCH C, et al. Strategy archetypes for digital transformation: Defining meta objectives using business process management [J]. Information & Management, 2020, 57 (5): 103262.

[211] FLAMHOLTZ E. Differential impact of cultural elements on financial performance [J]. European Management Journal, 2005, 23 (1): 50-64.

[212] FLORACKIS C, CHRISTODOULOS L. Cybersecurity risk [J]. The Review of Financial Studies, 2023, 36: 351-407.

[213] FRANKEL J A, ROSE A K. Currency crashes in emerging markets: An empirical treatment [J]. Journal of International Economic, 1996, 41 (3-4): 351-366.

[214] GAL P, NICOLETTI G, RENAULT T, et al. Digitalisation and productivity: In search of the holy grail firm-level empirical evidence from European countries [R]. Working Paper, 2019.

[215] GARG P. Cybersecurity breaches and cash holdings: Spillover effect [J]. Financial Management, 2019, 49 (2): 503-519.

[216] GHASEMAGHAEI M, CALIC G. Does big data enhance firm innovation competency? The mediating role of data-driven insights [J]. Journal of Business Research, 2019, 104: 69-84.

[217] GIGLIO S, KELLY B, PRUITT S. Systemic risk and the macroeconomy: An empirical evaluation [J]. Journal of Financial Economics, 2016, 119 (3): 457-471.

[218] GOLDFARB A, TUCKER C. Digital economics [J]. Journal of Economic Literature, 2019, 57 (1): 3-43.

[219] GÖLZER P, ALBRECHT F. Data-driven operations management: Organisational implications of the digital transformation in industrial practice [J]. Production Planning & Control, 2018, 28 (16): 1332-1343.

[220] HASSAN T A, HOLLANDER S, VAN LENT L, et al. Firm-level political risk: Measurement and effects [J]. Quarterly Journal of Economics, 2019, 134 (4): 2135-2202.

[221] HAUTSCH N, SCHAUMBURG J, SCHIENLE M. Financial network systemic risk contributions [J]. Review of Finance, 2015, 19 (2): 685-738.

[222] HAY D A, LIU G S. The efficiency of firms: What difference does competition make? [J]. Economic Journal, 1997, 107 (442): 597-617.

[223] HE Z, FROST T, PINSKER R. The impact of reported cybersecurity breaches on firm innovation [J]. Journal of Information Systems, 2019, 34 (2): 187-209.

[224] HILARY G, SEGAL B, ZHANG M. Cyber-risk disclosure: Who cares? [R]. Working Paper, 2016, Georgetown University.

[225] HJORT J, POULSEN J. The arrival of fast internet and employment in Africa [J]. American Economic Review, 2019, 109 (3): 1032-1079.

[226] HONG H, LIM T, STEIN J C. Bad news travels slowly: Size, analyst coverage, and the profitability of momentum strategies [J]. The Journal of Finance, 2000, 55: 265-295.

[227] HOU K, ROBINSON D T. Industry concentration and average stock returns [J]. The Journal of Finance, 2006, 61 (4): 1927-1956.

[228] ILLING M, YING L. Measuring financial stress in a developed country: An application to Canada [J]. Journal of Financial Stability, 2006, 2 (3): 243-265.

[229] JAMILOV R, REY H, TAHOUN A. The anatomy of cyber risk [R]. Working Paper, 2021, University of Oxford.

[230] JOHNSON M S, KANG M J, LAWSON T. Stock price reaction to data breaches [J]. The Journal of Finance, 2017 (16): 1-13.

[231] KAMINSKY G L, REINHART C M. The twin crises: The causes of banking and balance-of-payments problems [J]. American Economic Review,

1999, 89 (3): 473-500.

[232] KAMIYA S, KANG J K, KIM J, et al. Risk management, firm reputation, and the impact of successful cyberattacks on target firms [J]. Journal of Financial Economics, 2021, 139: 719-749.

[233] KELTON A S, PENNINGTON R R. Do voluntary disclosures mitigate the cybersecurity breach contagion effect? [J]. Journal of Information Systems, 2020, 34 (3): 133-157.

[234] KIM O, VERRECCHIA R. Market liquidity and volume around earnings announcements [J]. Journal of Accounting and Economics, 1994, 17 (1-2): 41-67.

[235] KOOP G M, PESARAN H, POTTER S M. Impulse response analysis in nonlinear multivariate models [J]. Journal of Econometrics, 1996, 74 (1): 119-147.

[236] LATTANZIO G, MA Y. Corporate innovation in the cyber age [J]. Journal of Corporate Finance, 2023, 82: 102445.

[237] LENDING C, MINNICK C, SCHORNO P J. Corporate governance, social responsibility and data breaches [J]. Financial Review, 2018, 53: 413-455.

[238] LI D M. Financial constraints, R&D investment, and stock returns. [J]. Review of Financial Studies, 2011, 24 (9): 2974-3007.

[239] LIU S. Investor sentiment and stock market liquidity [J]. Journal of Behavioral Finance, 2015, 16 (1): 51-67.

[240] LÓPEZ G, MORENO A, RUBIA A, et al. Systemic risk and asymmetric responses in the financial industry [J]. Journal of Banking Finance, 2015, 58 (9): 471-485.

[241] LOUGHRAN T, MCDONALD B. When is a liability not a liability? Textual analysis, dictionaries, and 10-Ks [J]. Journal of Finance, 2011, 66 (1): 35-65.

[242] LYANDRES E. Capital structure and interaction among firms in output markets: Theory and evidence [J]. Journal of Business, 2006, 79 (5): 2381-2421.

[243] MANSI S A, MAXWELL W F, MILLER D P.Does auditor quality and tenure matter to investors? Evidence from the bond market [J]. Journal of Accounting Research, 2004, 42 (4): 755-793.

[244] MARCO V G, GNABO J Y.Measuring interconnectedness between financial institutions with bayesian time-varying vector autoregressions [J]. Journal of Financial and Quantitative Analysis, 2018, 53 (3): 1371-1390.

[245] MASSACCI D.Tail risk dynamics in stock returns: Links to the macroeconomy and global [J]. Management Science, 2017, 63 (9): 3072-3089.

[246] MATARAZZO M, PENCO L, PROFUMO G, et al. Digital transformation and customer value creation in made in Italy SMEs: A dynamic capabilities perspective [J]. Journal of Business Research, 2021, 123: 642-656.

[247] MERTON R C.On the pricing of corporate debt: The risk structure of interest rates [J]. The Journal of Finance, 1974, 29 (2): 449-470.

[248] MIKALEF P, PATELI A. Information technology-enabled dynamic capabilities and their indirect effect on competitive performance: Findings from PLS-SEM and fsQCA [J]. Journal of Business Research, 2017, 70: 1-16.

[249] MITHAS S, LEE M R, EARLEY S, et al.Leveraging big data and business analytics [J]. IT Professional, 2013, 15 (6): 18-20.

[250] NAMBISAN S, LYYTINEN K, MAJCHRZAK A, et al. Digital innovation management: Reinventing innovation management research in a digital world [J]. MIS Quarterly, 2017, 41 (1): 223-238.

[251] NWANKPA J K, ROUMANI Y.It capability and digital transformation: A firm performance perspective [J]. International Conference on Information Systems, 2016.

[252] PESARAN H H, SHIN Y. Generalized impulse response analysis in linear multivariate models [J]. Economics Letters, 1998, 58 (1): 17-29.

[253] POPOV A, ROCHOLL J.Do credit shocks affect labor demand? Evidence for employment and wages during the financial crisis [J]. Journal of Financial Intermediation, 2018, 36: 16-27.

[254] QUINTON S, CANHOTO A, MOLINILLO S, et al.Conceptualizing a digital orientation: Antecedents of supporting SME performance in the digital economy [J]. Journal of Strategic Marketing, 2018, 26 (5): 427-439.

[255] RAMASWAMY V, OZCAN K.Brand value co-creation in a digitalized world: An integrative framework and research implications [J]. International Journal of Research in Marketing, 2016, 33 (1): 93-106.

[256] ROBERT T.Regression shrinkage and selection via the lasso [J]. Journal of the Royal Statistical Society, 1996, 58 (1): 267-288.

[257] SGHERRI S, GALESI A. Regional financial spillovers across Europe: A global VAR analysis [R]. Working Paper, 2009.

[258] SHAPIRO A F, MANDELMAN F S.Digital adoption, automation, and labor markets in developing countries [J]. Journal of Development Economics, 2021, 151: 102656.

[259] SHARMA V.Stock returns and product market competition: Beyond industry concentration [J]. Review of Quantitative Finance and Accounting, 2011, 37 (3): 283-299.

[260] SHENEMAN A.Cybersecurity risk and the cost of debt [R]. Working Paper, 2022.

[261] SINGH A, HESS T. How chief digital officers promote the digital transformation of their companies? [J]. MIS Quarterly Executive, 2017, 16 (1): 1-17.

[262] SVAHN F, MATHIASSEN L, LINDGREN R.Embracing digital innovation in ineumbent firms: How volvo cars managed competing concerns [J]. MIS

Quarterly, 2017, 41 (1): 239-253.

[263] THOMAS R, CARSTEN L P. Digitization capability and the digitalization of business models in business-to-business firms: Past, present, and future [J]. Industrial Marketing Management, 2020, 86: 180-190.

[264] TOSUN O K. Cyberattacks and stock market activity [J]. International Review of Financial Analysis, 2021, 76: 101795.

[265] TRITTIN-ULBRICH H, SCHERER A G, MUNRO I, et al. Exploring the dark and unexpected sides of digitalization: Toward a critical agenda [J]. Organization, 2021, 28 (1): 8-25.

[266] TURKEY L D, FRANCK R. Systemic risk in energy derivative markets: A graph-theory analysis [J]. Energy Journal, 2012, 33 (6): 215-239.

[267] VELDKAMP L. Information markets and the comovement of asset prices [J]. Review of Economic Studies, 2006, 73 (3): 823-845.

[268] VERHOEF P C, BROEKHUIZEN T, BART Y, et al. Digital transformation: A multidisciplinary reflection and research agenda [J]. Journal of Business Research, 2021, 122 (1): 889-901.

[269] VIAL G. Understanding digital transformation: A review and a research agenda [J]. The Journal of Strategic Information Systems, 2019, 2 (28): 118-144.

[270] WU D. Text-based measure of supply chain risk exposure [J]. Management Science, 2023, 70 (7): 4781-4801.

[271] WU L, LOU B, HITT L. Data analytics supports decentralized innovation [J]. Management Science, 2019, 65 (10): 4863-4877.

[272] YANG J, ZHOU Y. Credit risk spillovers among financial institutions around the global credit crisis: Firm-level evidence [J]. Management Science, 2013, 59 (10): 2343-2359.

[273] YOO Y, HENFRIDSSON O, LYYTINEN K. Research commentary–The new organizing logic of digital innovation: An agenda for information systems

research [J]. Information Systems Research, 2010, 21 (4): 724-735.

[274] YU K, GARG P. Corporate social responsibility report readability, credit ratings and cost of borrowing [J]. Review of Accounting and Finance, 2022, 21 (5): 423-448.

[275] ZHAI H Y, YANG M, CHAN K C. Does digital transformation enhance a firm's performance? Evidence from China [J]. Technology in Society, 2022, 68: 101841.

[276] ZHONG R. Transparency and firm innovation [J]. Journal of Accounting and Economics, 2018, 66 (1): 67-93.

索 引